中世武士選書 40

足利義昭と織田信長

傀儡政権の虚像

久野雅司 著

戎光祥出版

はしがき

本書は、室町幕府最後の将軍である足利義昭《あしかがよしあき》と織田信長《おだのぶなが》の関係について検討するものである。両者による政治体制は、「二重政権」や「二重権力」と称されている。

従来、この関係は信長の権力が絶大で、再興された幕府は信長の「傀儡政権《かいらいせいけん》」になったと考えられてきた。義昭は信長に反発して自己の権力強化をはかり、元亀元年（一五七〇）からの「元亀の争乱」において諸国の大名と連繋して信長打倒の包囲網を形成して対立した、とされてきた。その結果として両者は並び立つことができなくなり、旧来の政治体制である幕府は、「革命児」信長によって必然的に滅ぼされることになった、とされるのが通説的な見解だった。これまでは、義昭には政治的な実権がないと見なされてきたことから、「傀儡政権」を主導して「天下布武《てんかふぶ》」を掲げて天下統一を目指した「英雄」信長に注目が集まり、義昭への関心はきわめて低かった。

そもそもの足利義昭に関する研究の原点は、明治・大正期にまで遡ることができる。ここではいずれも、〝信長の目的は天下統一で、そのための上洛の名目として義昭を奉戴し、義昭は信長の「天下」への号令のために利用された実権のない「傀儡」〟と述べられた。それ以来、「革命児」信長にとって室町幕府は打倒しなければならない存在とする見解が、今日における〝通説〟となってきたといえる。

このような、戦前からのいわば「信長革命児史観」と「義昭政権傀儡化説」は、その後も規定概念として享受され、継承されてきた。最近の高等学校検定教科書でも、信長は「伝統的な政治や経済の秩序・権威を克服して、関所の撤廃など新しい支配体制をつくることをめざした」(『詳説日本史B』、山川出版社、二〇一四年)と説明され、「信長革命児史観」に基づいて学校教育が行われてきた。

近年、このような考え方に対して、信長の実像をあらためて正面から見直す検討が進められ、信長は「革命児」ではなく、中世社会に則した現実的な政治家だったことが次第に明らかにされつつある。そのため、義昭についても信長に関する新しい研究成果を踏まえて、あらためて検討し直す次の段階に入ったといえるだろう。

そもそも、義昭が信長の「傀儡」と見なされてきた大きな要因として、次の二つの点が挙げられる。一点目は上洛時の経緯であり、義昭には軍事力がなく、信長のそれに劣るため両者の権力関係が自ずと規定され、義昭は信長に従わざるを得なかったと理解されてきたことによる。二点目は、信長と義昭は永禄十二年(一五六九)正月十四日に「幕府殿中御掟《ばくふでんちゅうおんおきて》」(「仁和寺文書」本文〔史料5〕)と翌年正月二十三日に五ヶ条の「条書」(「成簣堂文庫所蔵文書」〔史料8〕)を定めていることである。信長は義昭にこれらを押し付けて承認させ、将軍と同等の権限を獲得して「将軍の代行」となり、幕府を自己の統制下に置こうとする意図があったと考えられてきた。

信長と義昭の研究が深化しつつあり、単純に義昭と信長の関係だけではなく、将軍と大名との関係や幕府の枠組みからあらためて両者の関係を捉え直す必要がある。そこで本書では、義昭と信長の関係性を決定付けてきた将軍義昭の軍事権に着目して義昭政権の実態の一端を明らかにし、「天下静謐《てんかせいひつ》」を鍵として、対立的に捉えられてきた両者の関係について検討する。そしてお互いをどのように捉えて政権に位置付けようとしていたのかという、政権構想を明らかにすることを目的とする。

本書を手にとっていただいた読者の方には、専門の研究者ではない一般の方も多数おられ、新出史料や専門的な学術論文を手にする機会がそれほど多くない方もおられることであろう。そこで本書では、とくに二〇一〇年代以降に発表されてきたもっとも新しい研究成果を紹介しつつ、研究者の間で論争となっている問題については史料を掲載して論点を整理し、先学に学びながら義昭の視点から信長との関係をあらためて世に問うものである。

なお、周知のように、歴史史料の多くは基本的には和様の漢文体である。本書では、研究者以外の一般の方々にもご理解いただけるように多くは読み下しに、または仮名文体については適宜漢字を補うなどして書き改めた箇所がある。その場合は出典を記したので、史料内容についてあらためてご検証いただく場合には原典をご確認願いたい。なお、本書で多く引用した奥野高広『増訂織田信長文書の研究』（吉川弘文館）は、『信長文書』『信文』と略記して文書番号を付した。

人物名については武田晴信《たけだはるのぶ》は信玄《しんげん》、上杉輝虎《うえすぎてるとら》は謙信《けんしん》、足利義藤《よしふじ》は義輝《よしてる》、足利義親《よしちか》は義栄《よしひで》とするなど、通称となる終わり名で統一した。ただし、義昭は改名する画期に政治的な意味合いがあるため実際の変遷に基づき、木下秀吉《きのしたひでよし》を豊臣《とよとみ》秀吉とするなどの違和感がある場合はそのままとしたので、若干の不統一がある点はあらかじめお断りしておきたい。

二〇一七年七月

久野雅司

目次

第一章　足利将軍と畿内の政情

「永禄の政変」と足利将軍家

永禄八年（一五六五）五月十九日、室町幕府の第十三代征夷大将軍足利義輝が、京都の室町勘解由小路に構えていた将軍御所において、三好義継《みよしよしつぐ》と松永久通《まつながひさみち》、三好宗渭《そうい》（政康《まさやす》）・三好長逸《ながやす》・石成友通《いわなりともみち》の「三好三人衆」らに襲撃され、自害に追い込まれる事件が起こった。世に言う「永禄の政変」である。時の現職将軍が家臣に襲撃されるという、戦国の世を象徴するようなこの「下剋上」による将軍襲撃事件は、当時の社会に大きな衝撃をもって受け止められた。

河内国守護畠山高政《はたけやまたかまさ》の重臣安見宗房《やすみむねふさ》は、事件後の六月二十四日付けで越後の上杉謙信の家臣である河田長親《かわだながちか》・直江政綱《なおえまさつな》に宛てて、「公方様（将軍義輝）五月十九日、三好（義継）・松永（久通）以下の所行をもって、御腹を召され候、先代未聞の仕合せ、是非なき次第に候」（「河田文書」）と記した書状を送っている。織田信長の一代記である『原本信長記《げんぽんしんちょうき》』は、まさにこの政変から始まる。著者で信長の家臣だった太田牛一《おおたぎゅういち》（うしかず）は、「誠に御当家（足利家）破滅、天下万民の愁歎これに過ぐべからず」と記している。「公方様」義輝が義継・久通らに攻められたことによって割腹したのは、足利将軍家の「破滅」で前代未聞の出来事であり、「天下万民」は大きな衝撃を受け、愁い嘆いた様子が確認できる。

足利義輝花押

織田信長花押

「天下布武」印

織田信長「麟」字花押

信長は、治世に現れるとされる聖獣麒麟《きりん》の「麟」字を意匠にしたと考えられている花押を、永禄八年九月から使用している（「寂光院文書」）。時機からこの政変を契機として、それまで使用していた花押から改変したとする説がある。ただし、型については足利将軍家の花押に基づいたとする説もある。しかしいずれにしても、信長は将軍家を強く意識した花押をこの事件に影響されて使用するようになったと考えられている。これによって「天下」（当時の用法は、京都を中心とした畿内で将軍が支配する領域）は、足利将軍家から再び三好方の勢力によって掌握されることとなった。三好勢はこの後に足利義栄を第十四代将軍に就けて、摂津国富田《とんだ》（大阪府高槻市）を御座所とした幕府が築かれた。

では、ここであらためて、なぜこの政変が起こったのか、時間を少し前に戻して将軍義輝弑殺《しいさつ》の政治的背景について確認しておきたい。義輝は元服前の天文十五年（一五四六）十二月二十日に、父の第十二代将軍義晴《よしはる》から将軍職を譲られて跡を嗣いだ。義輝は天文五年三月十日の生まれであるから、齢わずか十一歳である。このように、現職将軍が生前に継嗣へ直接職を譲ることは稀なことだった。このときの幕府は、将軍の義晴と管領《かんれい》の細川晴元《ほそかわはるもと》が対立していて分裂状態にあった。義晴は晴元との諸所の合戦で敗れたため、近江に逃れていた。そのため、義輝の元服と将軍就任式は、近江国坂本（滋賀県

織田信長画像　長興寺蔵・豊田市郷土資料館画像提供

大津市）の日吉神社《ひよしじんじゃ》にて執り行われた。通常、将軍家の元服は管領が烏帽子親《えぼしおや》となって行われるが、義晴父子を庇護した近江国守護の六角定頼《ろっかくさだより》が臨時に「管領代」となって執り行われている。幼名菊童丸《きくどうまる》、のちの義輝は、元服して初名義藤を名乗った。

このような将軍と管領との対立は、明応二年（一四九三）に起こった「明応の政変」にまで遡ることができる。第八代将軍義政《よしまさ》の後継をめぐって争われた応仁・文明の乱（一四六七～一四七七）を終息させた管領細川政元《まさもと》は、第十代将軍の義材《よしき》（のち義稙《よしたね》）を廃位して、京都から追放するクーデターを起こした。これにより、幕政は政元によって主導されることになった。政元は義輝の祖父にあたる義澄《よしずみ》を第十一代将軍に擁立したため、以後、将軍家は政元に擁立された義澄系（⑪義澄―⑫義晴―⑬義輝―⑮義昭、※○付き数字は将軍就任順）と、追放された義稙系（⑩義稙―義維―⑭義栄）に分立する。

前者は「江州大樹」「朽木武家」「朽木御所」「東の御所」などと称され、対して後者は「堺の室町殿」「堺武家」「堺の公方」「堺大樹」「堺の御所」などと呼称され、「天下将軍御二人」（『祇園執行日記』天

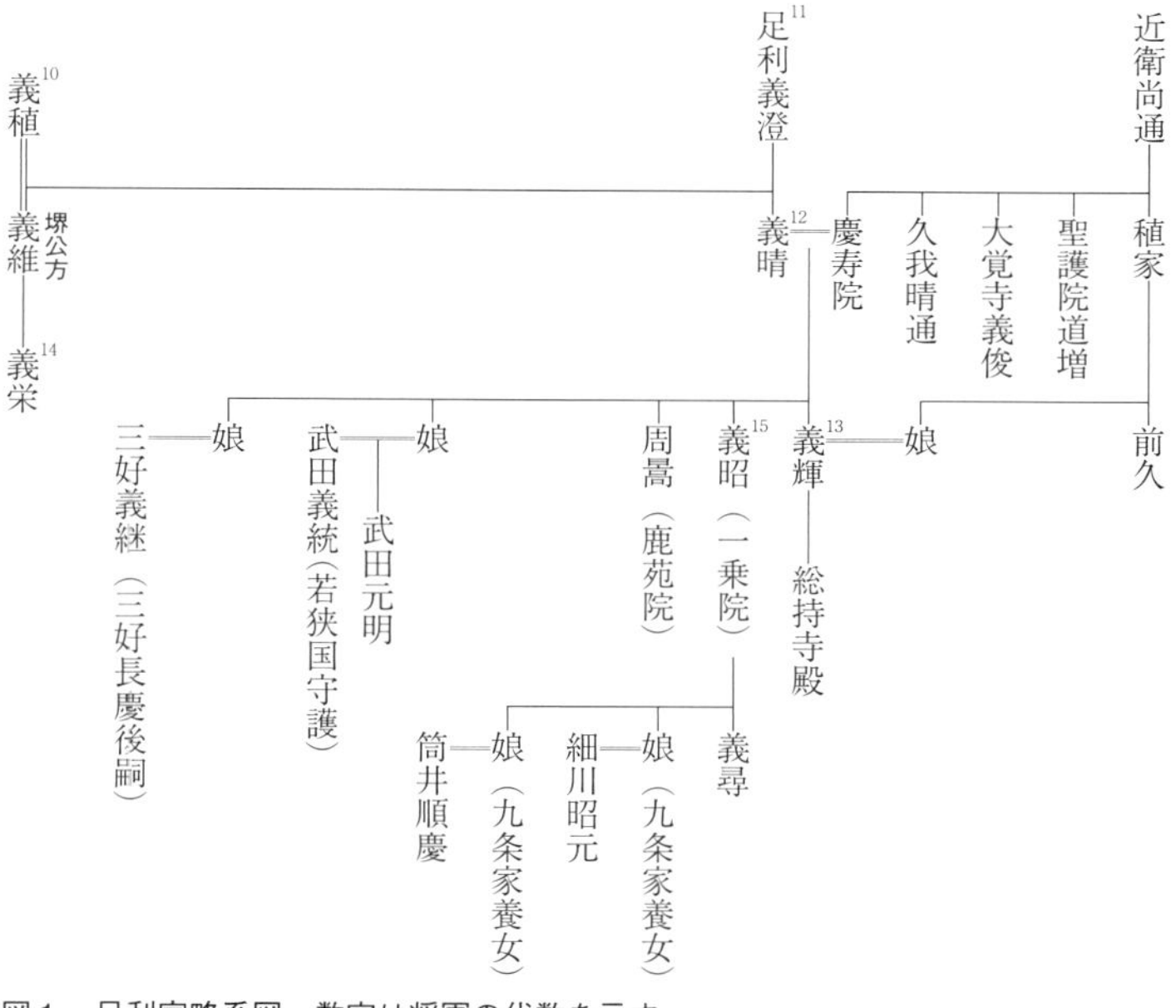

系図１　足利家略系図　数字は将軍の代数を示す

文元年七月二十八日条）の二派に分立することとなった。この政変は、上位の将軍が管領を任命するのではなく、下位の管領が将軍を擁立する逆転現象が生じたいわゆる「下剋上」によるクーデターだったことから、戦国時代の始期とする見解がある。細川家が代々官した「左京大《さきょうのだい》夫《ぶ》」の中国における唐名が「京兆《けいちょう》」であることから、細川家は研究上「細川京兆専制」とも称される細川政権を築いた。

一方の、京都を追放された義稙は、細川家が守護を務めていた四国の阿波（徳島県）の勢力に擁立されたことから、「四国室町殿」や「阿波の武家」「阿波公方」などとも称された。また、堺を御座所としたことから、学術上「堺幕府」とも称されている。義晴が幼少の義輝に早くから将軍職を譲った背景には、自らの系統である「江州大樹」「朽木武家」が正統な足利将軍家として、自身の子息へ順当に将軍職を受け継がせていく意志があったと考えられている。

三好家の台頭と長慶

義輝が将軍に就任した二年後の天文十六年閏七月一日に、義晴は晴元と和睦する。義晴は義輝を伴って京都に帰還した。しかし、晴元の家臣で勢力を伸ばしつつあった三好長慶《ながよし》が、晴元に背いて細川家庶流で摂津国守護の氏綱《うじつな》に属したことから、義晴・義輝・晴元と対立することとなった。両者は天文十八年六月十二日から摂津国の江口《えぐち》（大阪市）で合戦し、これに敗れた義晴・義輝父子は再び近江に逃れた。義晴は再度の入京を果たすことができずに、亡命先の近江国穴太《あのう》（滋賀県大津市）で翌年五月四日に死去する。

これにより、長慶は将軍・管領不在の「天下」において新たな領主として台頭し、幕府の実権を掌握した。細川政権を事実上崩壊させて、三好政権を樹立した。長慶は上位の権位者である足利将軍と抗争して独自に権力を確立したことから、「下剋上」を象徴する人物と評されている。近年では、信長に先行する「最初の戦国天下人」とも称されている。それでは、また少し話を前に戻して、あらためて「信長前史」として長慶の権力確立過程を簡単に確認しておきたい。

三好家の出身は、四国の阿波国三好郡（徳島県三好市）である。長慶の曾祖父にあたる三好之長《ゆきなが》が、永正三年（一五〇六）二月十九日に阿波国守護の細川澄元《すみもと》に属して上洛したことから、京畿の政治に関わるようになった。孫の元長《もとなが》は澄元の嫡男である晴元に仕え、享禄四年（一五三一）六月四日に「大物《だいもつ》崩れ」で晴元の仇敵である細川高国《たかくに》を滅ぼして軍功を挙げた。これにより、元長は山城国下五郡の守護代に任じられ、本国の阿波国のみならず、山城国にも勢力を及ぼすこととなった。長慶は、この間の大永二年（一五二二）二月十三日に、元長の嫡男として阿波国三好郡芝生《しぼう》（三野町）で生まれた。彼が十歳のときの享禄五年六月二十日に、元長の権力伸張を恐れた晴元や、三好一族の政長《まさなが》・木沢長《きざわなが》政《まさ》に扇動されて蜂起した一向一揆によって元長が謀殺される。長慶は滞在していた堺から阿波に逃れて、家督を継ぐことになった。元長の最期は、割腹の後に自らの臓物を取り出し、それを天井に投げつけて途絶したという壮絶かつ非業の死であったという（『堺鑑《さかいかがみ》』）。この一揆は、晴元でも抑えることができないほどに発展したことにより、家督を継承してまもないまだ元服前のわずか十二歳の千熊丸（長慶）が、天文二年六月二十日に晴元と本願寺《ほんがんじ》との和睦を周旋して収束させた。長慶は三好家の当主として、若年ながらも畿内政治に影響を与える存在となった。

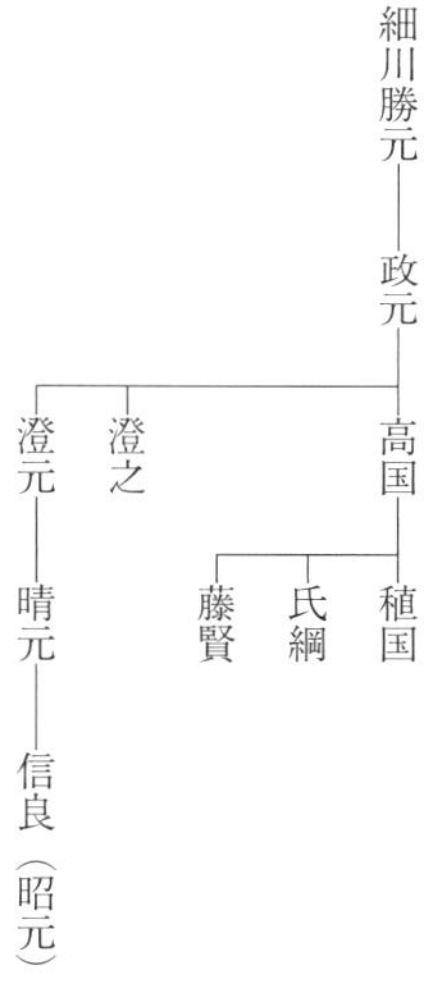

系図２　細川家略系図

長慶はその後、講和に応じなかった一揆を征圧し、さらに晴元や政長と抗争する。この争乱は、河内国の守護代だった木沢長政の仲介によって講和が結ばれることとなり、長慶は晴元に帰参した。天文八年正月、長慶は晴元に父の元長が任じられていた幕府御料所の河内十七ヶ

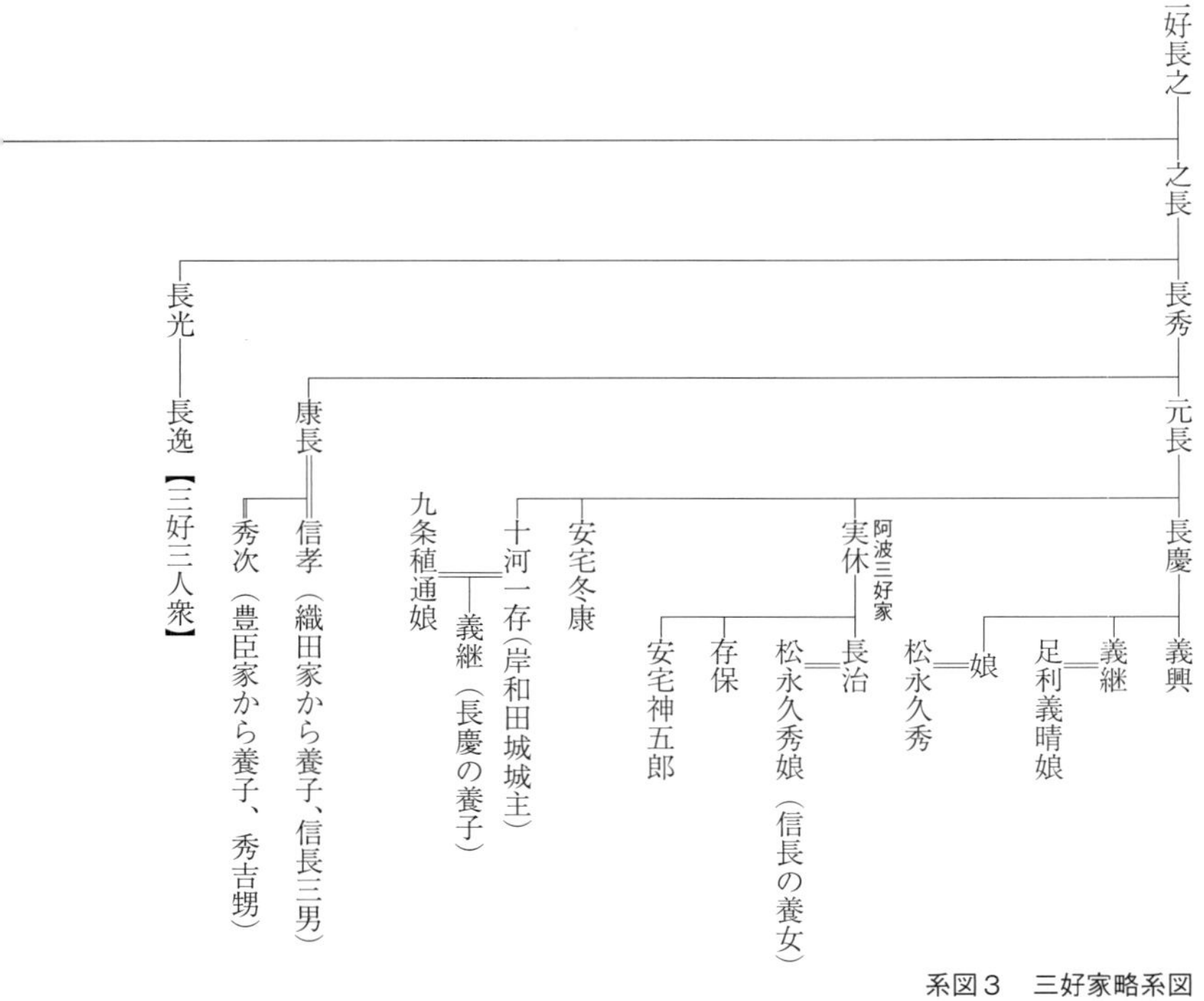

系図３　三好家略系図

所（大阪府寝屋川市・守口市・門真市）の代官職を求めたが反対されたため、再び晴元・政長と対立することとなった。これに対して、近江に逃れていた将軍義晴と六角定頼が和睦を周旋したことから、長慶はこれを受諾した。この間に長慶は摂津国の越水《こしみず》城（兵庫県西宮市）に入城し、以後は阿波に帰国せず、摂津を本拠地とした。

　こののち、長慶は晴元に背いた長政を討ち、さらに晴元とともに晴元の政敵である細川氏綱をはじめとして、河内守護の畠山政国《まさくに》やその守護代の遊佐《ゆさ》長教《ながのり》などの勢力と抗争する。天文

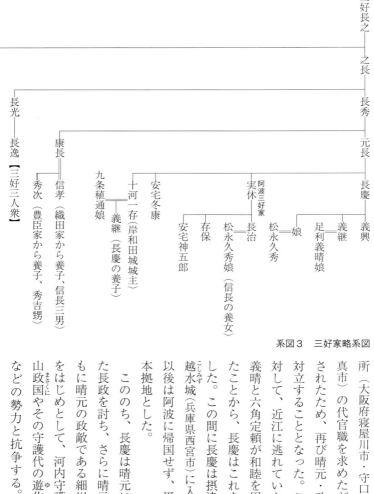

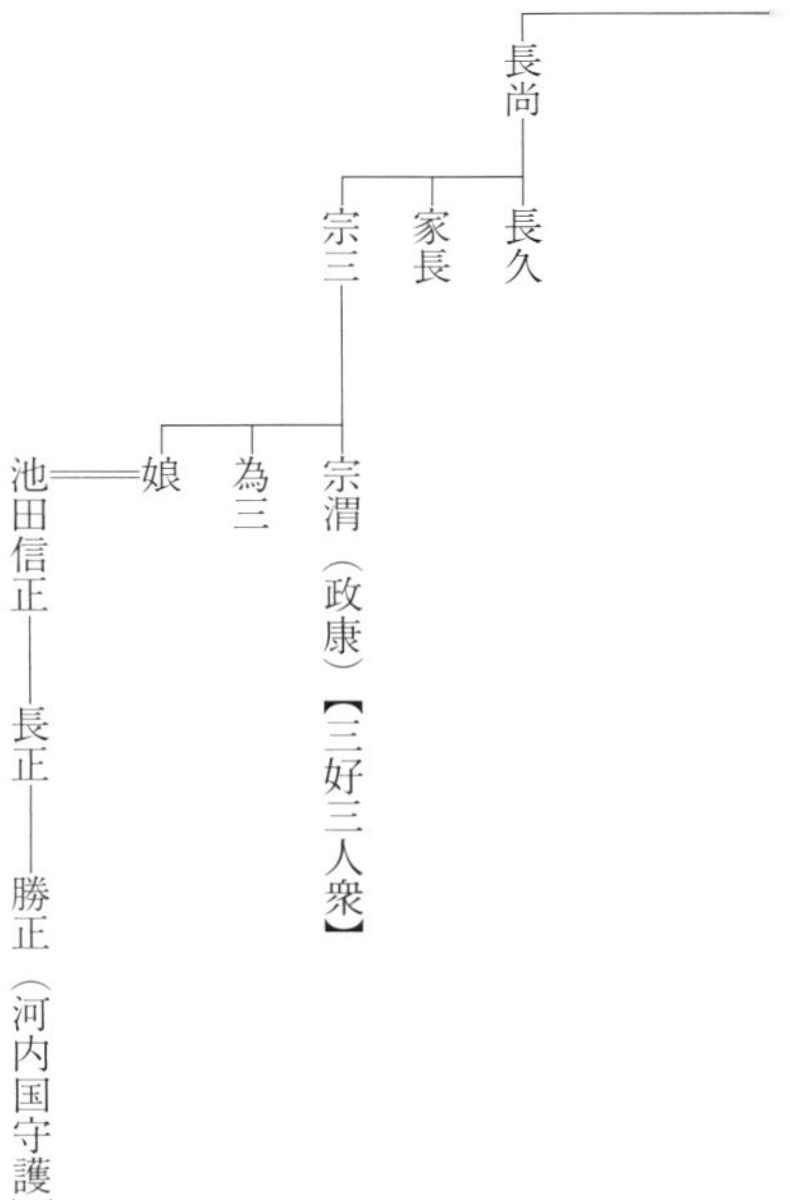

十七年四月二十四日に、両陣営は六角定頼の斡旋によって和睦した。

しかし、晴元は長慶の父の仇敵である三好政長父子追討の願いを聞き入れなかったため、長慶は今度は氏綱・長教と組んで、十月に晴元に対して「謀反」（『足利《あしかが》季世記《きせいき》』）を起こすこととなった。そして長慶は、天文十八年六月に江口の合戦で政長をはじめとした八百名を討ち取って勝利を得た。そのため晴元は、足利義晴・義輝父子を奉じて近江国坂本へ逃れたのであった。長慶は氏綱をあらたな主君として擁立し、天文十九年三月には長教の助勢を得て摂津国を平定する。これによって細川政権は崩壊することとなり、長慶は畿内における支配権を確立して三好政権を樹立した。

三好政権の確立と長慶・義輝の抗争

長慶はさらに、細川政権に反発した国人勢力を掌握し、将軍と管領不在の「天下」において、「細川京兆家」から権限を継承・吸収する。公家や寺社の所領を保護し、治安維持にも努めた。長慶は幕府とは関わりなく、独自に直状《じきじょう》の「長慶裁許状」を発給して独裁体制を確立したことから、三好政

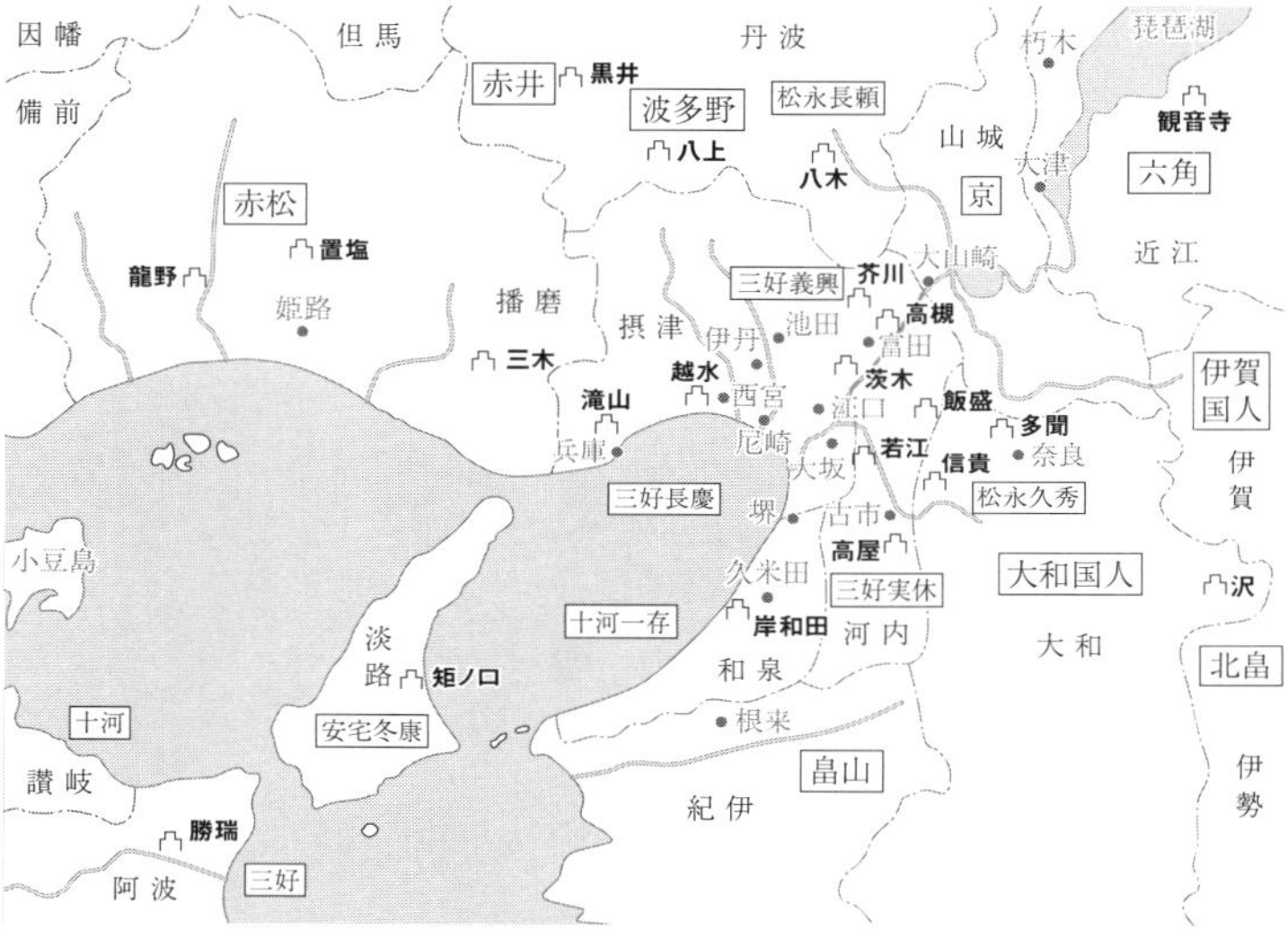

図1　戦国期の畿内・四国周辺図

権は畿内で初めて将軍や幕府を要しない権力と評価されている。

近江に逃れていた義輝は、晴元と京都東山に中尾《なかお》城（京都市）を築いて交戦の姿勢を示したり、奉公衆の進士《しんじ》賢光《かたみつ》に長慶暗殺を命じるなどして政権の奪取を図るが、いずれも失敗に終わる。そのような義輝に入京の機会が訪れたのは、天文二十一年のときであった。義輝を保護していた六角定頼は、長慶との和議を斡旋したが実現せず、この年に入って早々の正月二日に死去する。その跡を嗣いだ義賢《よしかた》は、父の遺志を継いで引き続き交渉を進めた。晴元が氏綱へ細川家の家督と管領職を譲った後に出家し、代わりに晴元の幼児（信良《のぶよし》、のち昭元《あきもと》）を取り立てることと、義輝の入京を条件として両者の間で和睦が成立した。これによって義輝は、正月二十八日に京都へ帰還することになった。

帰洛後に義輝は、長慶を「御供衆《おともしゅう》」に任じた。「御供衆」とは、将軍の出行に供奉して随うことが認められた身分であり、将軍の最も身近に付き従う名誉ある格式だった。これによって長慶は、将軍の家臣の家臣という陪臣の身分から、将軍の直臣へと昇格した。

しかし、幕府は依然として長慶とその家臣で娘婿の松永久秀《ひさひで》が実権を掌握していたことから、義輝は翌二十二年に晴元とともに挙兵する。しかし、敗退したため再び近江に逃れることとなった。さらに義輝は、六角義賢の加勢を得て、永禄元年（一五五八）に三好長逸や長慶の弟の三好実休らの三好勢と合戦をするが、ここでも戦果を挙げられず、入京を果たすことができなかった。この間に長慶は、摂津国上郡の政治的要地で、細川高国・晴元が本拠地としたことによって畿内支配の中心地となっていた芥川城《あくたがわ》（大阪府高槻市）を奪取し、入城して居城とした。長慶は義輝の近江逃亡に随伴する者の所領没収を通達したため、多くの幕臣は京都に帰還する。政所《まんどころ》の頭人《とうにん》（執事）の伊勢貞孝《いせさだたか》も長慶に従ったことから、長慶は幕府の主導者として幕政の実権をより一層掌握することになった。さらに本国の四国から軍勢を加えて、体制を強化させた。これに対して、この年の十一月に再び義賢が両者の間を仲介する。これによって和議が成立し、義輝は五年ぶりに京都に帰還することになった。

三好政権の評価

長慶と義輝との和睦は、長年にわたった足利将軍家と管領細川氏、さらにはそれに引き続いた三好氏との抗争が終結することになったため、幕府へ政治の安定がもたらされた。長慶の嫡男である慶興《よしおき》は、義輝から足利将軍家の通字である「義」の一字を与えられ、名を「義長《よしなが》」（のちに義興《よしおき》）に改めた。

この一字拝領の偏諱《へんき》は、上の字と下の字では軽重があり、その家の通字となる上の字のほうが、当然ながら格が高い。例えば、これまでに登場した管領の細川晴元や甲斐の武田晴信（信玄）の「晴」は足利義晴の下の字「晴」であり、越後の上杉輝虎（謙信）や安芸の毛利輝元《もうりてるもと》、陸奥の伊達輝宗《だててるむね》の「輝」は、足利義輝の「輝」の偏諱である。そのため、足利将軍家に代々伝わる上の字「義」の一字拝領は、いかに義輝が長慶父子を丁重に処遇したかがうかがわれる。これについて、吉田神社の吉田兼右《かねみぎ》は「末世の故なり」（『兼右卿記《かねみぎきょうき》』）と慨嘆している。ほかに「義」字の偏諱は、足利家と始祖を同じくする「御所が絶えれば」と、名跡を継ぐことが定められた駿河今川氏の義元や越前の朝倉義景などの例が知られる。それだけ格別な拝領だったことがうかがい知れる。

さらに長慶は、永禄三年（一五六〇）正月二十日に幕臣の中でも最も格式の高い「御相伴衆《ごしょうばんしゅう》」に列せられた。二月四日には、義興と松永久秀が「御供衆」となった。「御相伴衆」は、将軍の殿中における宴席や他家訪問の際に随従して、将軍に「相伴」することが許された身分で、管領に次ぐ席次であり、国持衆よりも上の格式である。そして、長慶父子と久秀に足利家の家紋である桐紋使用が免許され、長慶は「修理大夫《しゅりのだいぶ》」に、義興は三好氏が代々官する「筑前守《ちくぜんのかみ》」に任官した。

これらにより三好家は、旧主の細川家を凌ぐほどに将軍との関係を深めた。この時点における長慶の勢力圏は、摂津を中心とした畿内近国の山城・河内・和泉・丹波・播磨と、本国の阿波・淡路・讃岐の四国方面にまで及んでいた。長慶は弟の十河一存《そごうかずまさ》を和泉岸和田《きしわだ》城主（大阪府岸和田市）とし、阿波に置いた三好実休や淡路の安宅氏《あたぎ》へ養子に入った冬康《ふゆやす》を統率するなどして支配体制を強化した。とりわけ、京都を含めた畿内を掌握したことから、まさしく「天下」は長慶が影響力を強く持つ領域となり、長慶の権力は最盛期を迎える。

長慶は将軍家を京都から追放し、さらに主家だった細川家を凌駕して幕府の実権を掌握して政権を確立したことから、かつては「下剋上をした悪党」と評された。長慶は幕府とは関わらない独自の政権を樹立し、「諸人これを仰《あお》ぐこと北斗泰山《ほくとたいざん》」（『大林宗套語録《だいりんそうとうごろく》』）と称されたほどに、権力者として強大な支配体制を確立する。最近では既述のとおり、「信長の先駆者」や、「プレ統一政権」とも評価されるに至っている。

このように、長慶は高く評価される一方で、義輝・晴元を合戦で討ち破って近江国朽木に逐った後も追撃しなかったり、江口の戦いの際に勝機があるにも関わらず、晴元が拠る三宅城《みやけ》（大阪府茨木市）を包囲していない。あるいは人質となっていた晴元の嫡男六郎（信良、のち昭元）を殺害せずに、自らが加冠役となって元服させるなど保護しており、晴元との和睦では涙を流したとも伝わっている（『足利季世記』）。そのため、晴元・義輝との講和には積極的で寛大な対応をしていることから、「下剋上の標本のように言われるが、自己の権益を主張する以外は、古い伝統、秩序を尊重する律儀者」だったとも評価されている。さらに「松永久秀の専横、壟断を許した凡庸な大名」と、久秀の下剋上を許したとされ、「長慶が果たせなかった「下剋上」を信長が成就した」とする見解もある。

また、長慶は朝廷との関係を重んじてたびたび連歌会を催しており、古今伝授《こきんでんじゅ》を相伝して当世一流の文化人でもあった細川藤孝《ふじたか》は、長慶のことを「修理大夫（長慶）連歌はいかにも案じてしたる連歌なりしなり」（『耳底記《じていき》』）と評価して、連歌会の行跡を敬仰して模範としていた（『戴恩記』）。文豪の司馬遼太郎氏は、「三好の人々には風流があったが大志・野望がなかった」と述べたほどに文化的な素養が高く、政治的野心がなかったとも評価されている。

義輝による幕府政治の展開

永禄元年十一月二十七日、京都に帰還した義輝は幕府政治を開始する。この年の末には、将軍家の慣例にしたがって近衛《このえ》家から稙家の娘を正室に迎え、長慶と義興には偏諱と官途を与えた。さらに、九州の島津義久《しまづよしひさ》と大友義鎮《おおともよししげ》との講和や、中国地方の毛利元就《もとなり》・尼子晴久《あまごはるひさ》、東海地方の松平元康《まつだいらもとやす》と今川氏真《いまがわうじざね》、甲信越地方における上杉謙信・武田信玄・北条氏政《ほうじょううじまさ》などの大名間和平調停を図り、各地の大名にも偏諱を与えるなど、「天下諸侍御主」（「河田文書」）として積極的に施政を展開する。このように義輝が各地域の大名と外交を行えた背景には、「天下」に覇権を確立した長慶と連繋したことによって、将軍在京による政治体制の安定がもたらされたためだったことは言うまでもないだろう。

自前の強固な軍事力を保持していない足利将軍にとっては、強力な権力に依拠することが宿命的な課題としてあった。義輝と長慶の邂逅《かいこう》は、まさにそのことを端的に表しているといえる。すなわち、義輝は長慶と和睦したことによって在京することができ、安定的に征夷大将軍として政治を展開することが可能となった。永禄八年には、管領を務める三家のうちの斯波《しば》氏の屋敷跡（京都府京都市武衛町）

二条御所へ向かう塗り腰（謙信ヵ）「洛中洛外図屏風」　米沢市上杉博物館蔵

に自らの邸宅を築いた。この将軍御所は、斯波家が代々任じられた「左《さ》兵衛督《ひょうえのかみ》」の「兵衛府」の唐名が「武衛《ぶえい》」だったことから「武衛陣」、または、二条に所在したことから「二条御所」と呼ばれる。

　義輝の帰洛後も、依然として長慶の権威は続いていたことから、永禄五年に畠山高政《たかまさ》と六角義賢が反発して畿内で蜂起した。追討のために長慶の弟の実休が大将として出陣し、三月五日に和泉国八木郷の久米田《くめだ》（大阪府岸和田市）で合戦する。しかし、この一戦で実休が討ち取られてしまい、三好勢の敗戦となった。これが、三好氏の権力の衰弱を招く一因となる。一方で、この年の九月十一日には、畠山・六角氏と通じて長慶に対立して蜂起した政所執事の伊勢貞孝を討つことに成功する。義輝は摂津《せっつ》晴門《はるかど》を執事に任命して、第三代将軍の足利義満《よしみつ》ですら介入することができなかった政所を、将軍が直接掌握する体制を築いた。このように、義輝は長慶の権力を

闘鶏を見学する義輝　画像中央の少年が義輝といわれている　「洛中洛外図屏風」　米沢市上杉博物館蔵

背景としながらも、次第に幕府における将軍の支配体制を強めていった。

ところで、この間の永禄二年の義輝帰洛と期を一にして注目すべき出来事がある。それは、二月二日に尾張（愛知県）の織田信長が、四月二十七日には越後（新潟県）の上杉謙信と美濃（岐阜県）の斎藤義龍がそれぞれ上洛していることである。信長の上洛については、これと前後して尾張一国を統一していることから、尾張の支配権を義輝に認めてもらうためだったとされる。また、義龍も同様と考えられている。しかし、京都に帰還して正室を迎えるなど、支配権を確立しつつある義輝に「御礼」に出向いていることは、帰洛と婚姻に対する奉賀のためとも考えることができるのではなかろうか。あるいは、この年に義輝は、大友義鎮を九州探題に任命して九州の統治を委ねるなど、各地域の大名との関係を構築しつつあったため、その一環とも考えられる。いずれにしても、同時期に尾張と越後・美濃それぞれの「分国」を統治する三人の大名が上洛していることは、偶然の一致とは考えられないように思われる。

それではここで、本書の主人公の一人である織田信長について確認しておきたい。織田家は越前国織田荘（福井県越前町）の出身で、織田剣神社の神職の出と考えられている。それがなぜ、尾張国と関わることになったのかというと、越前国の守護は幕府の管領を務める斯波家で、尾張の守護を兼務していた。一方の任国の尾張へ赴任するにあたって織田家の一族を帯同し、それから守護代に任じたと考えられている。その後、織田家は尾張において上四郡（伊勢守家）と下四郡（大和守家）の二家に分かれて分立する。信長の家系（弾正忠家）は、このうち下四郡の守護代家の、さらに家臣の三奉行の家柄だった。よって、将軍からすれば家臣にあたる斯波家の下の守護代、さらにその下の奉行家ということになるので、陪臣の家臣の家柄ということになる。そこから、信長の父である信秀《のぶひで》が「器量の仁」（『信長公記』）ということで、才覚を活かして尾張国内を統一することに成功し、さらに隣国の美濃・三河へ侵出するまでに勢力を拡大させた。しかし、信秀の跡の家督を「うつけ」だった信長が相続すると国内は再び分裂し、それを収束させて再び尾張国内を統一したのが永禄二年の春だった。

三好長慶画像　京都大学総合博物館蔵

　信長は天文三年（一五三四）の生まれであることから、上洛したときは二十六歳だった。このときに二十四歳で二歳年下の将軍義輝は、まだ尾張一国を統治し始める頃の信長にどのように映ったであろうか。彼は「永禄の政変」の後に花押を変えたり、この後に義輝の実弟である義昭の上洛要請に応じて、「天下布武」を標榜し、将軍家再興のために奔走して尽力した。この事実を鑑みるに、年下ながら三好長慶を従えて「天下」の主宰者として将軍御所において幕臣たちを供奉させ威厳を備えたであろう「天下諸侍御主」たる将軍義輝に対して、少なからず畏敬の念を抱いたであろうことは、あながち的が外れた憶測ではなかろう。

三好長慶の死と家督継承

幕府の実権を掌握していた三好長慶は、河内国の守護代補任をめぐる諍いから、永禄三年に守護の畠山高政と交戦するに至る。結果として、長慶は高政を征討し、河内国を完全に勢力下に治めた。そして、松永久秀を畠山氏の影響力が強かった大和に侵攻させ、北郡を征圧する。これによって長慶は、この二国を加えて畿内・四国における十ヶ国を勢力下に治めた。長慶は居城としていた芥川城を義興に譲って、自らは飯盛城《いいもり》（大阪府大東市・四條畷市）に移った。その背景には、飯盛山からは堺を経由して本国の阿波への往来に利便性があり、さらに山城・和泉・河内・大和への政略上の備えからとする見解がある。また、文化史的な見知からは、詩歌に対する傾倒や隠者的な志向性によることが指摘されている。近年では、義輝から偏諱を受けている義興に家督と本城を譲って、将軍家と新しい関係を構築させて、義輝と抗争してきた自らは一定の距離を保つための方策だったとも考えられている。

長慶と義輝は良好な関係を維持しており、それは長慶が没するまで続いた。永禄四年三月二十九日には三好邸に義輝が御成りし、五月には義輝の勧告に従って対立してきたかつての旧主細川晴元と和睦する。さらに、嫡子の義興は自らが列せられた「御相伴衆」になるなど、家督継承も円滑に行われていった。まさしく三好家の勢威は頂点に達し、それを従えた義輝の将軍権威も絶頂期を迎えた。

しかし、和泉国の支配を任されていた十河一存が永禄四年三月十八日に急死したのを契機として、畠山高政と六角義賢が蜂起する。これと合戦した久米田の戦いで翌五年三月五日に実休が討ち死したため、長慶は三好政権を支えていた二人の弟を相次いで失うことになった。次いで、この抗争に連動して伊勢貞孝が蜂起する。これらはいずれも松永久秀が征討しており、この間に長慶は出陣していないことから病気を患っていたとみられている。三好政権では久秀が実権を掌握するようになっていった。さらに永禄六年八月二十五日には、継嗣の義興が長慶に先立って早世したことから、三好政権の勢力は著しく衰弱した。弟の一存の正室が関白を務めた九条稙通《たねみち》の娘だったことから、その子で甥の義継を養子に迎えて継嗣とした。

足利義輝画像　京都市立芸術大学芸術資料館蔵

長慶は、永禄七年五月九日には「逆心悪行」(『言継卿記』)により弟の安宅冬康を謀殺する。そしてこの後に病を悪化させて、七月四日に飯盛城で死去した。三好政権は、当主の義継が若年のため、久秀と三好長逸・三好宗渭・石成友通の三好三人衆が後見役となって受け継がれることになった。

「永禄の政変」とその要因

三好政権の弱体化によって、相対的に義輝の将軍権威がより一層浮揚することとなった。そのため、それを掣肘《せいちゅう》するために、長慶が死去して一年後の永禄八年五月十九日に義輝の排斥を図ったのが「永禄の政変」だったとされる。

その要因について、近年、山田邦明氏によって注目すべき指摘がなされた。当該期において「御所《ごしょ》巻《まき》」という御所を包囲し圧力をかけて強訴する慣習があり、三好方には義輝謀殺の意図はなく、「御所巻」したところから偶発的に争乱に発展し、結果として義輝が殺害されるに至ったという説である。さらに、柴裕之氏がこの指摘をうけて、イエズス会の宣教師ルイス・フロイスが豊後国の司祭《しさい》・修《しゅう》道士《どうし》へ認めた書簡（『十六・十七世紀イエズス会日本報告集』）と同著『日本史』から、その目的は「奥方」（将軍義輝室）と「老人の娘」（義輝側近進士《しんじ》晴舎《はるいえ》の娘）、「多数の大身」の殺害の執行を義輝に求めたものとする見解を示した。一方で天野忠幸氏は、万余の軍勢で討ち入っているため偶発的な事件ではなく、周到に準備された政変だったとする逆の見解を示している。

それではここで、あらためて政変の政治的背景と要因について考えてみたい。軍記物だが当該期の政治状況が詳細に記されていて史料的な価値が高いとされる『細川家記』『足利季世記』や、フロイス『日本史』など、この政変については諸書によって内容が異なっている。

『細川家記』によると、義輝は権勢を誇っていた長慶を討つことを謀り、近江国の六角氏をはじめとして近国に長慶討伐の御教書《みぎょうしょ》を発給した。しかし、これが三好方に知られ、長慶の幼継嗣である義継を大将として義輝謀殺を企てることになったとある。そのため、もともとの原因は義輝だったとしている。このことは、『原本信長記』にも「その濫觴は、三好修理大夫、天下の執権たるによって、内々三好に遺恨思し食さるべしと兼ねて存知、御謀叛を企てらるる」と記されている。義輝は幕府の実権を握っていた長慶に対して、かねてから「遺恨」を抱いており、「御謀叛」を企てたとしている。

一方、『足利季世記』によると、「阿波御所様」の足利義栄《よしひで》は上洛して義輝から将軍職を奪取することをかねてから謀っており、三好三人衆や松永久秀・篠原長房《しのはらながふさ》に働きかけていた。しかし、三好家当主の長慶は義輝を奉戴していたことから本願を叶えられないでいた。長慶が永禄七年に死去すると、三好家の跡をまだ幼少の義継が嗣いだことから、義栄はこれを契機として三好一族衆へあらためて働きかける。これに三人衆と久秀・松山安芸守・同新太郎らが「一味同心」して結託したことから反義輝勢力が結集されることになった、と記している。つまり、変の首謀者は義栄だったとする。

また、フロイスの『日本史』には、義輝の暗殺は「年老い、有力かつ富裕であり、人々から恐れられ、はなはだ残酷な暴君」の久秀が、幼君と義輝を殺害して阿波公方家の近親者に将軍職を継がせ、二人で「天下」における実権を掌握することを謀ったと記されており、久秀が首謀者だったとする。

以上のことから、「永禄の政変」の要因について、史料では①義輝の長慶排斥に対する反発説、②

義栄の政権奪取説、③久秀の実権掌握説、の三説が存在する。

　義輝の暗殺は、二条御所への討ち入り以前に実は一度計画されていたことが、フロイス『日本史』に記されている。久秀は、幼君義継に「修理大夫」の官途が与えられたことへの謝礼のため、義輝を饗応するとして軍勢を率いて入京した。そして、その饗宴のときに義輝殺害を企て、義輝をしきりに招いた。しかし、義輝は気配を察して応じなかったことから、暗殺計画は一度失敗することとなった。三好勢は御所に直接討ち入ることに計画を変更して、義輝を襲撃するに至った、とある。また、『年《ねん》代《だい》記《き》抄《しょう》節《せつ》』には、義継が官途の「御礼」のために御所へ出仕して一献することを申し入れ、義輝はこれに「御油断」したために御所の内外を大人数によって取り巻かれて討ち入られた、と記されている。

『足利季世記』によると、三人衆と久秀らは義輝に疑念を抱かせないよう清水寺への参詣と称して兵力を集め、五月十九日に二条御所へ押し寄せた。義輝の二条御所は、御所内部への入り口となる門はまだ建築中だったが、すでに周囲は塀と深い濠・高い土居に囲まれており、容易に攻められないよう防備がなされていた。そのため、力攻めにして討ち入るのではなく、御所内の義輝に気付かれないように兵を土居に配置して四方を囲む策をとった。そして、「偽って公方様へ御訴訟ある由申し上げ」とあることから、「訴訟」と「偽って」衛士の進士美作守晴舎に訴状を捧げて義輝に裁決を求めた、とある。なお、フロイスの『日本史』によると、「数ヶ条の書付け」を渡したのは石成友通で、門番の衛士「美作守」は義輝の寵愛をうけていた側室「小侍従殿《こじじゅうどの》」の父（二女を産み、このときに懐妊していたことからも、義輝とは血縁上の義父にあたる）であり、三好勢は一万二千の軍勢だったことが記されている。さらに、その訴状の内容は、小侍従殿とその他「多数の殿」を義輝が殺害することを求めたものであったと記されている。フロイスの書簡と『日本史』では、内容が若干異なっている。両者を照合すると、「老人の娘」は「小侍従殿」で、「多数の大身」は「多数の殿」となり、これは義輝の側近等の幕臣と考えられる。

政変の要因については、山田康弘氏が①永禄元年以降、将軍義輝が幕府内の地位を安定化させ、また、諸大名間の紛争調停によって全国的な存在感を示し、将軍が三好氏にとって抹殺しなければならないほどの脅威になりえたことから、②有力一門の相次ぐ卒去と若年者の義継の継嗣という三好氏の危機的状況により、③「明応の政変」以来の最大の政治的不安定要因であった「二つの将軍」問題を解消するために、「義澄系足利氏」の族滅という事態に発展したと、政治状況をまとめた。

また、天野忠幸氏は、実際には久秀は討ち入りに参加していないことを明らかにしたうえで、若年ながら三好家の家督を継承した義継が、桐紋を拝受して足利家に準ずる地位を得、かつて同盟を要しない権力を確立していた三好家の当主として、義輝を排除することによって回復を図ったとする見解を示している。

以上のことから、「永禄の政変」は、将軍権威の高揚に対して、三好氏が権威の再興をかけて義輝弑殺に至ったと理解されている。「御所巻き強訴説」については、『足利季世記』に「強訴と偽って」とあることから、義輝を欺くための名目だったと考えられる。そのため、なぜ小侍従等を排斥しなければならないのかの積極的な理由が明らかにされない限り、なお検討を要するであろう。永禄八年五月に襲撃されたことについては、二条御所の完成が間近だったため、その前に襲撃したと考えられる。

松永久秀と大和をめぐる抗争

「永禄の政変」の後に、三好三人衆が松永久秀の排斥を目論み、永禄九年（一五六六）に足利義栄から久秀追討が命じられたことによって、三好政権に軋轢が生じた。さらに、三好家の当主である義継が久秀に与したため、畿内を本拠地とする義継・久秀の三好本宗家と、阿波を権力基盤とする義栄・三好三人衆とに分裂したことによって崩壊する（以下、本書では後者を「四国三好勢」と記す場合もある）。

久秀は、阿波国や山城国西岡《にしのおか》、あるいは摂津国五百住《よすみ》の出身で、三好長慶の右筆だったとも伝えられている。長慶が娘を嫁がせるほどに抜擢して重用したことから、三好家中において頭角を顕した。永禄二年五月からは、反勢力の追討のため長慶から大和侵攻を命じられて信貴山《しぎさん》城（奈良県生駒郡）に移る。翌年には興福寺を下して、大和に勢力を伸ばした。将軍義輝からは、長慶の嫡男義興とともに「御供衆」に任じられ、さらに永禄四年二月一日には主家と同様に、桐紋および塗腰の使用が免許された（『歴名土代《れきめいどだい》』）。これは、長慶父子と同格の待遇であることから、久秀は義輝から長慶と肩を並べるほどに厚遇されたことになる。実際に義輝が三好邸へ御成りした際に、久秀は義輝に祗候して、将軍の直臣として活動している。そのため、ただの名誉職ではなく実態性があったと評価されている。

その後、久秀は畠山高政や六角義賢と合戦し、政所執事の伊勢貞孝父子を討伐する一方、主家が長慶の弟である三好実休・十河一存や嫡男の義興が相次いで死去し、勢威が衰退していくのと反比例して勢力を伸張させた。そのため、長慶に対する義輝・久秀という構図が形成されつつあった。そしてこれが、この後の四国三好勢に対する義昭・久秀の枠組みへと発展することになっていったといえる。

久秀が三好三人衆と対立する要因としては、大和計略をめぐる諍いが考えられる。久秀は義輝から御供衆に任じられ、桐紋使用を免許されていることから、幕府において将軍の直臣として主家に比肩する勢力となっていた。さらに三好家中においても、長慶から大和一国の支配権を任されていたことから、国持衆《くにもちしゅう》として随一の勢威を誇っていた。久秀は永禄五年九月に、山城と大和の国境にある多《た》聞山《もんやま》に居城（奈良県奈良市）を築き、信貴山城を久通に譲って移住する。以後は、大和国人の十市《とおち》遠《とお》勝《かつ》や多武峰《とうのみね》衆徒《しゅうと》と合戦するなど、大和計略を本格化させていった。

三好義継画像　『英名百雄伝』　当社蔵

久秀は、義輝とは比較的友好的な関係にあり、このことも、興福寺一乗院に居た義輝の弟の覚《かく》慶《けい》（のちの義昭）を保護した要因の一つと考えられる。（永禄八年）五月二十二日付けの覚慶書状に、「それに就き、進退の儀気遣い候処、霜台（弾正小弼久秀）誓紙をもって別儀有るべからざる由」（「円満院文書」）とあり、久秀が覚慶に生命を保障する誓詞を差し出していることが確認できる。このように覚慶を殺害せず幽閉して軟禁のみにとどめた背景には、義輝との親密な関係があったことによるとも考えられる。

大和への支配権を強める久秀に対して、三好三人衆は大和国人の筒井《つつい》順慶《じゅんけい》との連繫を図る。順慶は永禄十年二月十七日に、久秀と堺近郊の上芝《うえのしば》で合戦した。さらに、三人衆は摂津の畠山高政や河内の池田勝正と連合して、本国である阿波からの篠原長房軍とともに、摂津・山城における松永方の諸城を次々と攻め落とし、久秀包囲網を形成する。これに対して久秀は、永禄十年二月十六日に三人衆の許から出奔してきた三好義継を迎え入れ、三人衆に対抗する。そして、この三好家における内訌が、三人衆の大和侵攻に対する久秀の結果として東大寺大仏殿焼失へと発展した。さらに、三人衆は軍勢を大和に駐留させ、信貴山城を攻め落とすなど攻勢を強めた。

この間の永禄九年の段階で、久秀は織田信長と覚慶の上洛について具体的に協議していることから、久秀がこの後に義昭・信長陣営に属することになるのは、義輝との関係や大和における計略をめぐる抗争が背景としてあったためと考えられる。また、久秀は覚慶の命を奪わず、義継にも忠節を尽くしていることから、この段階における久秀は、主人に対してはむしろ忠実であったといえる。こののち、久秀は安芸の毛利元就や村上水軍と、義継は河内畠山氏と連繫して、義昭・信長を迎え入れた。そして、久秀と信長の連繫もあって、義昭の上洛は永禄十一年九月に成し遂げられた。久秀は義昭から「切り取り次第」（『細川両家記』）として、大和一国の支配権を認められることになった。

第二章　覚慶の諸国流浪と「当家再興」

足利義昭の出自と「永禄の政変」

足利義昭は、天文六年（一五三七）十一月三日に、室町幕府第十二代将軍足利義晴の次男として京都で生まれた。母は、義晴の死去後に出家して慶寿院《けいじゅいん》と号した関白近衛尚通《ひさみち》の娘である。第十三代将軍となった兄の義輝と同母の正室の子として生まれた。現在のところ幼名は一次史料では確認できていないが、江戸期に系図作者として知られる沢田源内《さわだげんない》が記した『江源武鑑《こうげんぶかん》』には「千歳丸」とある。他の兄弟としては、弟と二人の妹がいた。弟は近衛家の猶子《ゆうし》となって鹿苑寺《ろくおんじ》に入寺して「周暠《しゅうこう》」と名乗り、後に院主となっている。妹はそれぞれ、若狭国守護の武田義統《たけだよしむね》と三好義継に嫁いでいる。

足利将軍家では、継嗣以外の男子は仏門に入るのが慣例だったことから、天文十一年十一月二十日に祖父近衛尚通の子で、叔父にあたる時の関白近衛稙家《たねいえ》の猶子となり、南都興福寺の一乗院門跡に入って「覚慶」と名乗った。覚慶はそれから十九年後の永禄五年（一五六二）に、門跡を嗣いでいる。

「永禄の政変」が起きたときには二十八歳となっており、覚慶は義輝の次弟だったことから一乗院内で幽閉されることになった。このときには、松永久秀が命を保障する誓詞を差し出していることは先述した。『原本信長記』にも「御身に対し聊《いさ》さかもって野心御座なきの旨、三好・松永方より宥め

足利義昭画像　東京大学史料編纂所蔵模本

申され候」とあり、義継・久秀が覚慶に対して野心のないことを告げている様子が確認できる。『続応《ぞくおう》仁後記《にんこうき》』には、見張りに番兵が付けられて出入りの者も制限されていたが、細川藤孝だけは許可されていたと記されている。もともとは義輝の近臣だった藤孝と一色藤長《いっしきふじなが》らは、三好勢力からの政権奪取と将軍親政による幕府の再興を図り、覚慶の南都脱出を計画する。

そして、それから約二ヶ月後の七月二十八日に覚慶を大和から脱出させることに成功し、近江の和田《わだ》惟政《これまさ》を頼って逃亡した。覚慶はこれを契機として、以後、政治の表舞台に立つこととなった。

このときの覚慶逃亡の計画者には、藤孝や藤長といった幕臣だけではなく、「阿波公方」を擁する三好三人衆に対抗して、第十一代将軍義澄の系統（義晴―義輝）である「江州大樹」に将軍職を嗣がせようとする覚慶の伯父大覚寺義俊《だいかくじぎしゅん》や、それに協力する越前国守護の朝倉義景《あさくらよしかげ》などの働きかけがあった。義景は早くから覚慶には協力的で、三好勢力に対して覚慶の解放を求めたが叶えられなかった。

南都脱出と和田惟政

覚慶の南都脱出には、近江国甲賀郡の土豪和田惟政が主導的な役割を果たしたことが、惟政の子孫に伝来された「和田家文書」によって詳しく知ることができる。和田氏は甲賀郡油日《あぶらひ》村(甲賀郡和田町)を本拠地とし、「甲賀武士」五十三家のうちの二十一家に数えられ、南山六家（または山南七家）のうちの一家である。もともとは六角氏の被官だった。天文二十二年の八月に足利義輝が近江朽木谷に逃れてきて六角定頼・義賢父子に庇護された際に、惟政の父である惟助《これすけ》が近侍したことを契機として将軍との関係が築かれた。続いて惟政も義輝に仕え、後に幕府の奉公衆となり、将軍の直臣となる。

『太平記英雄伝』に描かれた和田惟政
個人蔵

惟政は、他者からの讒言《ざんげん》によって義輝から勘気を蒙り、甲賀郡に蟄居《ちっきょ》しているときに「永禄の政変」がおきた。惟政は同僚だった細川藤孝と連繋して、覚慶を甲賀へ招き入れることを計画する。「和田家文書」によると、覚慶は惟政に「ただ今和田申し候儀、他言すべからず候」と自筆の書状を認《したた》めていることから、惟政から覚慶に隠密裡に計画が告げられていることが読み取れる。身分の上位者には書記官の右筆《ゆうひつ》がいて、書状の本文を執筆するのが通常である。そのため、覚慶自らが筆記したことは特別なことであり、文字通り、第三者を介さない「他言」無用の重大な機密事項だったといえる。

惟政は伊賀国伊賀（三重県伊賀上野市）を本居地とする仁木長頼《にきながより》と連繋して、長頼から「御動座の儀に付き候」「聊さかもって疎意なく御共（供）申すべく候」と、奈良から伊賀を越えて甲賀への脱出ルートの協力を取り付けている。これによって惟政は、覚慶から「今度退座の儀につき、調略比類なく」「喜び入り候、本意に属し、別して領知等の儀、申し付くべく候」との感状を得ている。

このように、惟政の「調略」によって伊賀から甲賀への覚慶の逃亡路が確保されたが、興福寺一乗院はまだ番兵が監視していることから、すぐには脱出できない状況にあった。『続応仁後記』と『米田家伝録《こめだけでんろく》』によると、覚慶は唯一出入りを認められていた藤孝に、病気ということで医師を求めた。藤孝は覚慶の意を汲んで、義輝にも仕えていた体躯の頑強な米田壱岐守宗賢《こめだいきのかみそうけん》（求政《もとまさ》・貞能《さだよし》）を選んだ。藤孝の推挙ということで、宗賢は一乗院へ出入りして往診することが認められるようになった。そして、「永禄の政変」の約二ヶ月後の七月二十八日の夜に、覚慶と宗賢は病気平癒の祝儀として番兵に酒を勧めて沈酔させ、それを見計らって一乗院から脱出し、甲賀へ落ち延びることに成功した。なお、途路の峻険な悪路では、宗賢が覚慶を背負って逃走した脱出劇だったと伝えられている。ともあれ、この覚慶の南都からの脱出は、まさしく歴史の表舞台へ踊り出す第一歩となったのである。

義栄政権の成立と覚慶の上洛要請

南都から逃れた覚慶は、近江国甲賀郡に拠る和田惟政の館に入った。覚慶はここを仮寓として、上洛するために諸国の諸大名へ「御内書《ごないしょ》」様式の文書を発給し、出兵を要請した。

〔史料1〕大日本古文書『相良家文書』五二〇号文書

今度京都不慮の儀につき、甲賀に至り和田へ取り退き候、それに付き、近国出勢の段申し付け、異儀なく候間、急度入洛せしむべく覚悟候、この度忠功を抽んじられれば、感悦たるべく候、併せて頼み入り候、そのため上野大蔵入道を差し下し候、猶藤孝申すべく候也、

（永禄八年）十月廿八日　（花押）

相良修理大夫（義陽）とのへ

「御内書」とは将軍が発給する文書で、右の史料のように日下《にっか》に記名がなく花押のみが据えられ、「候也」の書止文言を有し、宛名書きは「とのへ」と記される様式の文書である。覚慶はまだ将軍に就任する前であったため、正式には「御内書」とはいえない。しかし、同じ様式の文書を発給することによって、自らが正統な将軍の後継者であることを誇示したものと考えられる。実際に受給した側も、この覚慶の文書を「御内書」と認識していた（『多聞院日記《たもんいんにっき》』永禄九年八月十七日条）。このように、各地の大名に上洛を要請する覚慶の文書は、永禄八年八月から永禄十一年七月までの間に、越後の上杉謙信や安芸の毛利元就などへ発給された（『上杉家文書』五〇六号、『吉川家文書』四六八号）。

これに、妹婿である若狭国守護の武田義統をはじめとして、近江の京極高成《きょうごくたかなり》や伊賀の仁木義広《にきよしひろ》、公家の飛鳥《あすか》井《い》中将《ちゅうじょう》などが応じ、幕臣の大館宗貞《おおだてむねさだ》・晴忠《はるただ》、三淵藤英《みつぶちふじひで》、沼田清延《ぬまたきよのぶ》、一色藤長・松丸《まつまる》、沼

田統兼《むねかね》、上野《うえの》秀政《ひでまさ》・信忠《のぶただ》、飯河信堅《いいかわのぶかた》・肥後守《ひごのかみ》、二階堂駿河守《にかいどうするがのかみ》、大和孝宗《やまとたかむね》、牧島孫六《まきしままごろく》、能勢丹波守《のせたんばのかみ》、曽《そ》我祐乗《がすけのり》、奈良中坊龍雲院《ならちゅうぼうりゅううんいん》などが覚慶のもとに参集した様子が、『足利季世記』に記されている。彼らは最も初期の義昭の家臣であるといえる。なお、『足利季世記』『続応仁後記』や『御湯殿上日記《おゆどののうえのにっき》』では、三好三人衆が擁する「阿波公方」「阿波御所」「阿波の武家」「富田の武家」に対して、覚慶のことを「新公方家」、あるいは単に「公方様」と称している。

この間に京都では、三好義継・松永久通・三好三人衆らが足利義栄を将軍職に就任させようとしていた。この時点で、義輝の後継として足利家の当主が義栄になるのか、覚慶になるのかはまだ正式に決定していなかった。覚慶を推す大覚寺義俊は、覚慶の近江逃亡をうけて、越後の上杉謙信に「公儀の御家督相定まり候」（『上杉家文書』五〇七号）との書状を送り、覚慶の家督継承を既成事実化して、「御当家再興」のために上洛への協力を要請している。また、河内国守護畠山高政の家臣安見宗房《やすみむねふさ》は、阿波から将軍の座を目指して義栄が上洛する前に覚慶を室町将軍家の家督として宣言することの必要性を、細川氏家臣の薬師寺九郎左衛門尉に進言している（『前田家所蔵文書』）。筆者は以前に、奥野高広氏の見解に基づいてこれを六角氏家臣の箕作《みつくり》城主の六角宗房としたが、六角氏はこのときには三好三人衆と同盟関係にあったことから、「宗房」は畠山氏家臣の安見氏に比定したほうがよいだろう。一方の義栄は、永禄十年十一月十七日に将軍宣下を朝廷に願い出たが、このときは朝廷の求める献金に応じられず、却下されている（『晴右公記《はれすけこうき》《はれみぎ》』）。

覚慶は諸国の大名に書状を発給し、支援を要請して支持勢力の糾合に努めた。その初期の覚慶文書は、永禄八年八月五日付けで謙信に宛てて発給された書状である（『上杉家文書』五〇六号）。ここでは、京都の政争により近江に逃れ、その無念を散じるために協力を求めている。さらに覚慶は、九州肥後の相良義陽《さがらよしひ》や安芸の毛利元就（『相良家文書』五〇二号・『吉川家文書』四六八号）、上野の由良成繁《ゆらなりしげ》・能登の畠山義綱《よしつな》（「由良文書」「金沢本多家所蔵文書」）などへも書状を発給して出兵を促している。

この間も、和田惟政は覚慶を擁護して上洛策を支援している。将軍が御内書を発給する場合には、「某〇〇可申候」の文言が記されて、〇〇の某氏が副状《そえじょう》を発給することが多い。この時期には惟政が副状を発給し、受給者から惟政宛てに返書が届けられた。「和田家文書」によると、甲賀下向直後の八月十四日付けで、越前の朝倉義景の家臣である前波吉継《まえばよしつぐ》から惟政に宛てて、「ここ元の儀もいささかもって疎略存ぜず候」との書状が送られており、「御下国あるべきの様」とあることから、惟政と越前朝倉氏との間で覚慶の越前下国が協議されている様子が確認できる。同様に、八月二十六日付けで河内の畠山尚誠《なおまさ》からも覚慶に協力する旨の書状が、さらに十一月二十日付けで三河の徳川家康からも、「一乗院殿様御入洛の故、近国出勢の事仰せ出ださるるの旨、当国の儀疎意存ぜず候、これ等の趣き御意を得専要に候」との書状が惟政に送られている。

また、義輝の将軍在職中に二度の上洛と拝謁を果たし、義輝から「輝」の一字を偏諱として下賜され御相伴衆となるなど、将軍家と関わりが深かった越後の上杉謙信（輝虎）は、大覚寺義俊や覚慶側近の一色藤長・細川藤孝・杉原長盛《すぎはらながもり》・和田惟政からの足利家再興への協力要請に、家臣の河田長親《かわだながちか》を介し、十月十六日付けで惟政へ宛てて協力することを伝えている。

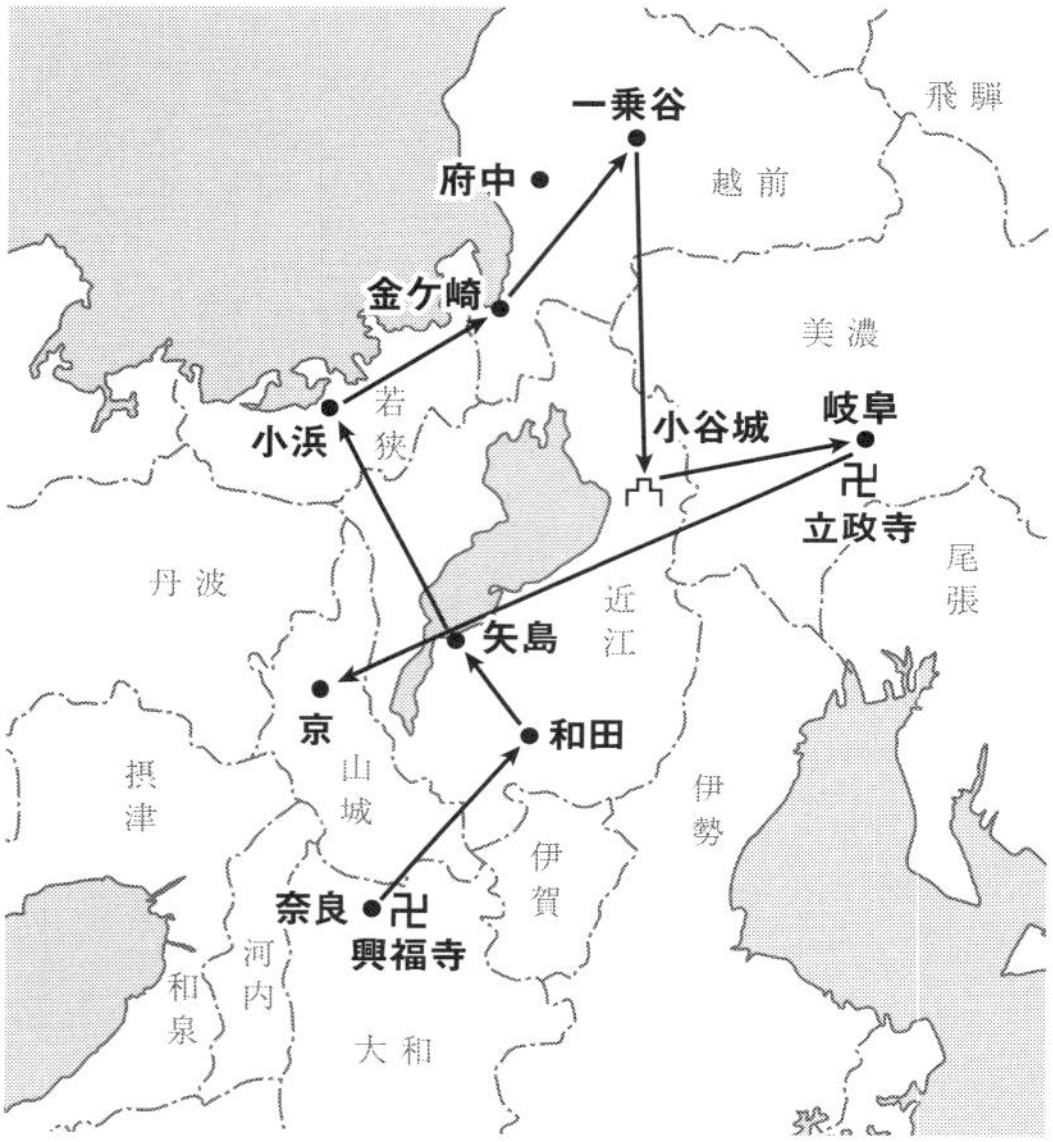

図2　足利義昭逃亡行程図

矢島移座と還俗――「義秋」への改名

畿内では永禄八年十一月十六日に三好三人衆と松永久秀との協調関係が崩れて、翌年には足利義栄が三好三人衆に久秀追討を命じた。久秀も大和多聞山城に入って対峙し、畿内の軍事的緊張関係が高まった。覚慶はこれを契機として、十一月二十一日に御座所を野洲《やす》郡矢島《やじま》（守山市矢島町）の少林寺《しょうりんじ》に移した。甲賀は山間部だったため、平野部の矢島に移ったと考えられているが、時機的に三好政権の分裂抗争に乗じた将軍家再興のための積極策とも考えられている。

覚慶は、永禄九年二月十七日に矢島で還俗し、名を「義秋」と改めた。四月二十一日には朝廷から「従五位下左馬頭」に叙任され、武家としての最初の儀式である「着袴《ちゃっこ》・乗馬《じょうば》・御判始《ごはんはじめ》」を執り行っている（『言継卿記《ときつぎきょうき》』）。武家が朝廷から叙任される場合、武家伝奏《ぶけてんそう》を経て朝廷へ申請するのが正式な手続きであるが、このときは吉田神社神官の吉田兼右《よしだかねみぎ》が斡旋して「御隠密《ごおんみつ》」に行われた。これは、足

足利義氏「義」字花押

義昭武家様花押

義昭公家様花押

利義栄が摂津国富田《とんだ》（大阪府高槻市）の普門寺《ふもんじ》まで進出してきていることから、朝廷はこのような政治情勢に配慮して、義秋を「隠密」に左馬頭に任じたものと理解されている。こののち義栄は、十二月二十八日に義秋が任ぜられたのと同じ「従五位下左馬頭」となり、永禄十一年二月八日に第十四代征夷大将軍に就任した。

二人が任官した「左馬頭」は、足利家では大変重要な意義がある。それは、幕府を創設した初代将軍足利尊氏《たかうじ》の弟で、幕政を補佐した直義《ただよし》が同官に任じられたことから、これが嘉例となり、以降は将軍の後見職や次期将軍が補任される由緒ある官職とされた。そのため、あるいは朝廷も、「新公方家」の義秋を正統な足利将軍家の後継者として義栄よりも先に任じたとも考えることができる。

義秋は、官寺禅院からも次期将軍職の後継と目され、将軍が発行する住持の辞令である公帖《こうじょう》が求められた。同年十月に相模国の禅興寺《ぜんこうじ》や、周防国の永興寺《ようこうじ》に公帖を発行している（『東京大学所蔵文書』）。義秋は、この叙任と武家の儀式始を契機として花押を「武家様」に変え、正式に僧籍者から武家へと転身を遂げた。足利家の武家様花押は、足利家の通字である「義」が意匠の基となっているとされている。なお、和田惟政のもとを離れた義秋の身辺は、六角氏麾下《きか》の矢島越中守《えっちゅうのかみ》を惣領《そうりょう》とする矢島一族の同名衆が護衛することとなった。

信長の上洛計画の頓挫

義秋は、越後上杉氏・甲斐武田氏・小田原北条氏との講和を図り（『歴代古案』）、さらに美濃の斎藤《さいとう》龍興《たつおき》と交戦中の尾張の織田信長とも通交して、諸国の大名に出兵を促した（「和田家文書」「武家文書」）。しかし、これを受けた諸大名は各々各地で交戦中のため、応じることができない状況だった。

信長との交渉は、（永禄八年）十二月二十一日付け和田惟政宛て書状に「退屈なく尾州等の儀、いよいよ馳走肝要候」（「和田家文書」）とあることから、惟政が折衝を行っていることが確認できる。さらに、信長との上洛交渉には細川藤孝も加わり、翌九年四月十八日に惟政と藤孝は、義秋より「信長参洛の事、別儀なきよし喜び入り候、然者治定何（時脱ヵ）ごろ参洛すべく候哉、よくよく相究り、信長誓紙申し調え、帰参待ち入り候」（「和田家文書」）との指示が下されている。また、この時点ですでに信長は義秋に上洛することを約諾していることが確認できる。それを実現化するために、藤孝が現地に赴いて、美濃・尾張二国間の和議を図った。藤孝の奔走もあって講和が成り、信長は永禄九年八月二十二日に出兵することを約諾した（『多聞院日記』）。信長は同月二十九日に、美濃の国境へ出兵する。しかし、ここで龍興によって撃退されてしまい、美濃を通過することができなくなってしまった。敗れた信長軍は「前代未聞」の敗戦で、斎藤氏側から「天下の嘲笑」の嘲りを受けている（「中島文書」）。

さらに、美濃から先の近江の形勢も不穏だったことから、このときの上洛は実現しなかった。十一月頃にも細川藤孝が再度美濃へ下向して信長に上洛を促すが、信長は伊勢征圧にも着手しており、美濃・伊勢二ヶ国の平定戦を同時に進行していたため、上洛計画は一度頓挫することになった。

「幻」となった信長の上洛計画と経路

近年、永禄十一年九月の実際に行われた上洛以前の同九・十年における上洛計画について、臼井進氏と村井祐樹氏がそれぞれ注目すべき論考を発表した。これまで信長の上洛計画は、美濃・近江通交の失敗によって頓挫したと思われていたが、実際には、その先の通路を確保する対策が具体的になされていたことが明らかにされた。

信長は義昭の上洛要請を承け入れて、義昭に「供奉《ぐぶ》」して上洛することを決意する。尾張・美濃・伊勢と三河の四ヶ国の兵を率いて出陣する予定だったが、近江の六角氏の謀叛によって、「不穏」のため延引することとなった（「柳生文書」『信文』九四号参考）。近江国を通ることが困難となったため、大和の松永久秀と誓紙（起請文）によって誓約し、さらに興福寺の在陣衆（六方衆《ろっぽうしゅう》・筒井・古市《ふるいち》などの国衆）や柳生新左衛門尉《やぎゅうしんざえもんのじょう》・松永氏老臣の岡周防守《おかすおうのかみ》、伊賀の多田四郎《ただしろう》・瓶原七人衆《みかのはらななにんしゅう》などとも誓約し、伊賀国から大和国に入国して京都に攻め上る具体的な計画があったことが明らかにされた。

さらに、上洛計画に関する「米田文書」が新たに発見され、村井氏によって紹介された。村井氏は、永禄九年からの上洛計画を「第一次」として、同十一年九月の実際の上洛を「第二次上洛計画」と便宜上名付け、「米田文書」を検討した。では、「米田文書」にはどのようなことが記されていたのか、村井氏の説に基づいて確認しておきたい。

〔史料2〕「米田文書」（熊本県立美術館『信長からの手紙』展示図録）

御退座の刻、其の国の儀、各馳走をもって別儀なく候、然らば、御入洛の御供として織田尾張守参陣候、いよいよ頼みに思しめされ候条、此のたび別忠節抽んぜらるる様、相調えられれば、御祝着たるべくよし候、仍て国中へ御樽下さるべく候、此の通り相触られ、参会儀、調えらるべく候、定日次第に御使差し越さるべく候、猶巨細高新・高勘・富治豊申さるべく候、恐々謹言、

（永禄九年）八月廿八日　　（三淵）藤英（花押）
（一色）藤長（花押）

田屋殿

文書の発給者である三淵藤英と一色藤長は、ともに義秋の側近である。内容は、「奈良から退座するときに「其の国」の皆が「馳走《ちそう》」＝協力してくれたので、別条なく逃れることができた。そうしたところ、入洛の「御供」として織田信長が参陣して協力することになった。いよいよ頼みに思うので、このたびは特別に忠節を尽くすように手配してくれたら祝着なことである。そのために「国中」へ「御樽」＝酒を送ります。この通り（国中へ）通達して、入洛のときに参会するように手配してください。入洛の日が定まり次第にあらためて使者を派遣します。なお、詳しくは高新・高勘・富治豊が申し上げます。以上です」、となる。新出の「米田文書」には、これと同内容・同日付けの文書が他にも

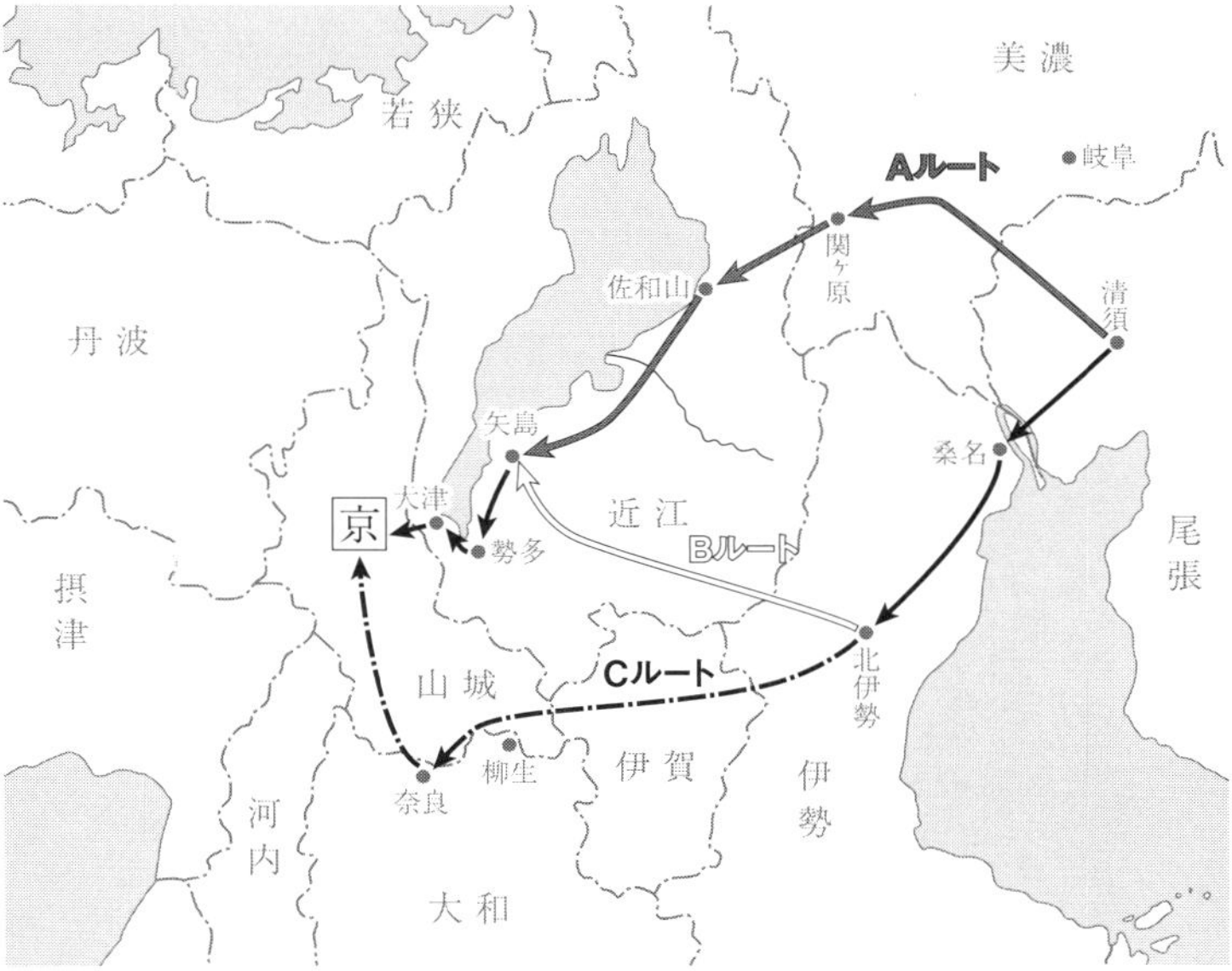

図３　織田信長第一次上洛計画ルート

十三通（うち一通は藤長の単独の書状）あり、菊山・竹屋・岡嶋・岡本・奥・大西・福山・米野・田中・菊川・宮田・今中・森田の各氏が宛先となっている。このうち田屋・森田などの多くは伊賀国人衆であり、「国」は、近江近国では「伊賀国掟」や「山城国一揆」があることから、この一連の文書は、義秋が伊賀・山城の国人衆へ協力を依頼した檄《げき》文《ぶん》とされた。

　この「米田文書」は、義秋の南都脱出を実践した米田宗賢（求政）の家に伝えられた。宗賢は義秋に仕えた後に、同輩だった細川藤孝に仕えることとなり、近世においては熊本藩の第二家老となった。この十四通の文書が作成された直後の永禄九年八月二十九日に六角氏が叛意を翻したことから、義秋は若狭へ逃れることになった。まさに矢島を退座する、その前日に作成されたのである。そのため、それぞれの宛先へ発給する必要性がなくなったため、宗賢の手許に残されることになった。この文書は反故紙《ほごし》となり、『針集方』と『独見集』の二冊の医薬書の料紙として使用され、紙背文書《しはいもんじょ》として残された。

これらにより村井氏は、第一次上洛計画は①美濃→近江北部→矢島（図3、Aルート）と、②北伊勢→甲賀→矢島（Bルート）の二つのルートが策定され、いずれも義秋を迎えるために、信長は矢島の御座所を目指していたことを明らかにした。信長の美濃・伊勢平定は、この後の永禄十年八月に成し遂げられた。これによって上洛への目処が立ったとして、信長は上洛について具体的に義秋や周辺の勢力と連繋して協議している。信長は大和の松永久秀や柳生氏と連繋して、①美濃→近江→京都と③北伊勢→伊賀→（大和）→南山城→京都（Cルート）の二つのルートを計画しており、結果として、永禄十一年の第二次上洛では美濃を起点として①のAルートで上洛することになった。

矢島退座と若狭・越前への逃亡

「第一次上洛計画」は美濃斎藤氏・近江六角氏の叛意によって頓挫し、義秋が在所にしていた矢島を三好勢が襲撃するとの風聞もあったことから、義秋は難を逃れるため四、五人の供を従えるのみで、八月二十九日に妹婿の武田義統を頼って近江から若狭へ移った。六角氏の叛意の背景には、三好方の調略が行われていたと考えられている。一部の矢島同名衆にも謀叛者が現れ、『続応仁後記』には、六角父子が三好方と和議を結んだ風聞があったと記されている。

実際に、八月三日に矢島を襲撃しようとした三好三人衆の兵を坂本で迎撃して、難を逃れていることから危機にさらされていた（『言継卿記』）。信長の上洛計画がかなり具体化していたことから、三好勢が先制攻撃をしたと思われる。

若狭では武田義統と子の元明《もとあき》は不仲で諍いがあったことから、義秋はさらに九月八日に越前国敦賀《つるが》へ移座した。そして朝倉義景から朝倉景鏡《かげあきら》が遣わされ、一乗谷《いちじょうだに》（福井県福井市）に迎え入れられた。

一乗谷朝倉氏遺跡　福井県福井市

越前に移った義秋は、加賀の一向一揆と越前朝倉氏との講和を図ったり、上杉謙信に上洛を促したりした。しかし長年の抗争により、これらの講和交渉は実現に至らなかった。永禄十年十一月二十一日に、義秋は一乗谷の安養寺《あんようじ》に入る。ここであらためて加越講和を図り、義景が応じたことから和議が成立することになった。双方で人質の交換がなされ、国境におけるそれぞれの城と砦が破却された。

義秋は、ここからさらに、謙信と甲斐の武田信玄・相模の北条氏康との講和を図っている。なお、この時期の義秋文書には「猶、義景申すべく候也」（『上杉家文書』一一三五号）と記され、義景が副状《そえじょう》を副える立場にあった。ここで永禄十一年四月十五日に元服の儀を執り行い、名を「義昭」に改めた。元服には京都から公家の二条晴良《にじょうはるよし》が下向して、加冠の役は朝倉義景が務めた。将軍家の加冠は三管領家の斯波氏・細川氏・畠山氏が行うのが慣例だったが、兄の義輝が近江国坂本で六角定頼を管領代として執り行った前例に倣い、義景を管領代として執り行われた（『足利季世記』）。

この間に美濃の形勢は信長に有利に展開し、永禄十年八月十五日に斎藤龍興の居城稲葉山《いなばやま》城を陥落させた。さらに信長は、翌十一年には北伊勢も攻略し、環伊勢湾地域を勢力下に治めた。ここで義昭との間であらためて交渉が開始され、信長は上洛の目処がたったことから、越前へ義昭を迎えるために家臣の不破光治《ふわみつはる》・村井貞勝《むらいさだかつ》・嶋田秀満《しまだひでみつ》を遣わし、和田惟政も加わった。義昭は七月十三日に一乗谷を発ち、十六日には信長の実妹が嫁いでいて同盟関係にあった浅井長政《あざいながまさ》が居る小谷《おだに》城（滋賀県長浜市）で饗応をうけ、二十五日に美濃の立政寺《りゅうしょうじ》で信長と対面することとなった。

第三章　足利義昭の上洛と室町幕府の再興

義昭・信長の上洛戦と近江平定

足利義昭は、永禄十一年（一五六八）七月二十八日に多喜越中守《たきえっちゅうのかみ》に路次の警固を命じ、服部同名《はっとりどうみょう》中《ちゅう》に道中の斡旋を命じるなどして、上洛のために具体的な準備を行った（「賜蘆《しろ》文庫文書」『記録御用所本古文書』）。信長もまた、甲斐の武田信玄と和議を結ぶなど、義昭と歩調を合わせて上洛の準備を調えてから、九月七日に尾張・美濃・伊勢三ヵ国の軍勢を率いて、京へ向けて美濃を発った。

ではここからは、近年、全文が翻刻されて紹介された『足利義昭入洛記《あしかがよしあきじゅらくき》』（以下、『入洛記』）と、当時京都にいた公家の山科言継が記した日記『言継卿記』、さらに信長の行動が詳細に記された信長の家臣太田牛一が記した『原本信長記』に基づいて見ていくことにする。『入洛記』は、義昭と信長が上洛した直後の「于時永禄十一年十一月十九日以竹内殿本　馳筆畢」の奥書があり、京都御所の天皇家に伝来した「東山御文庫」に所蔵されていることなどから、時の帝である正親町《おおぎまち》天皇が書き写した可能性が高いことが指摘されている。原本の作成者は、内容が具体的であることから天皇の弟にあたる「竹内殿《たけうちどの》（曼殊院門跡覚恕法親王《まんしゅいんもんぜきかくじょほっしんのう》）」か、あるいは義昭の近臣、もしくは信長自身であるとされ、史料的な価値が非常に高く評価されている（木下聡二〇一五）。内容については、これまで知られていな

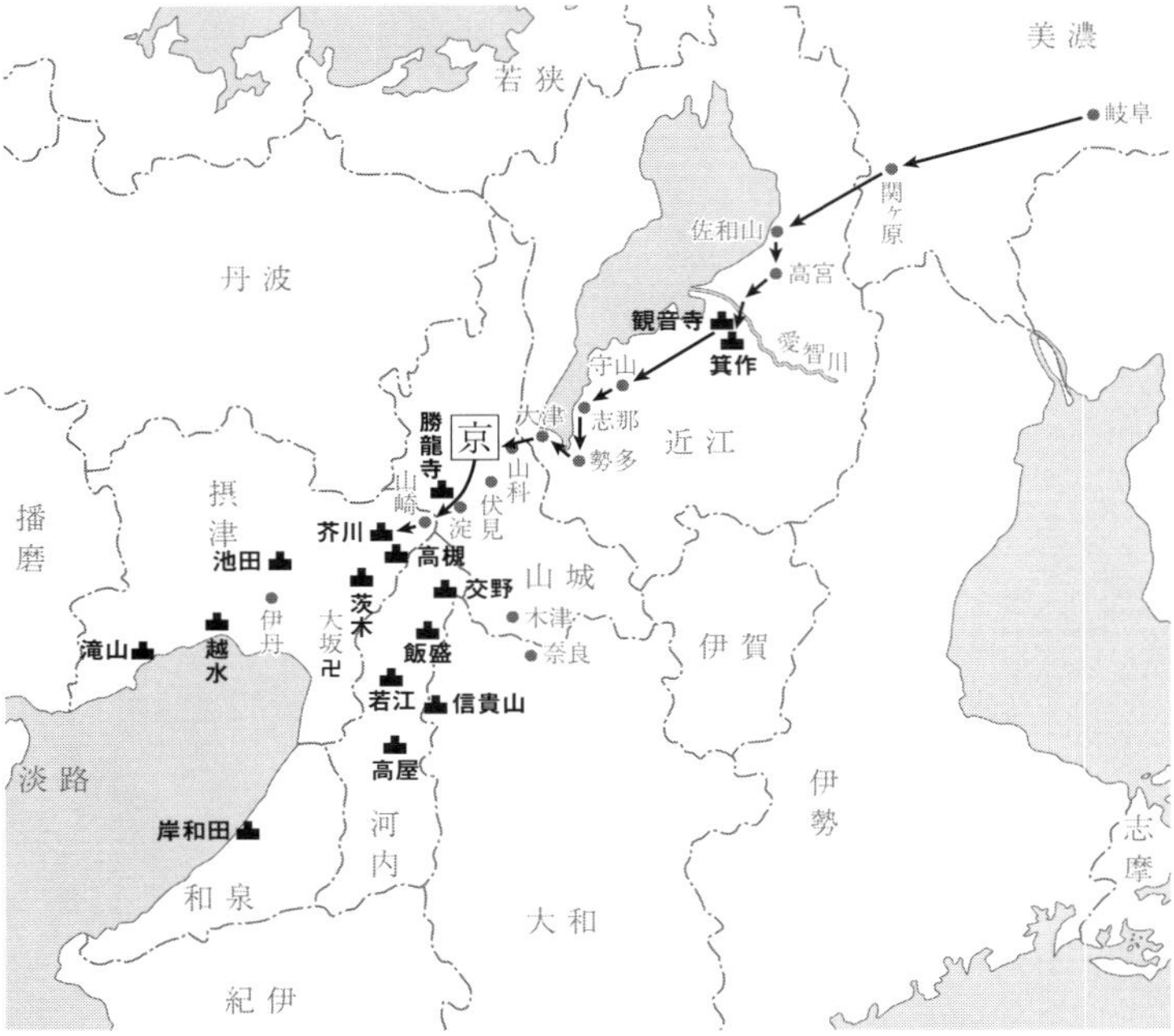

図４　足利義昭・織田信長上洛戦行程図

かった上洛戦の一端が詳細に記されていることから、既知の史料を補うものである。なお、日付については諸書によって違いがあるため、一日ごとの出来事が詳細に記されている『言継卿記』に基づくこととする。

信長は九月七日に岐阜を出陣し、軍勢を垂井《たるい》・赤坂《あかさか》・不破《ふわ》・関山《せきやま》に配して平尾《ひらお》村（岐阜県垂井町）に陣取った。翌日には先陣は愛知川《えちがわ》に、信長は近江国高宮《たかみや》（滋賀県彦根市）に陣を布いて、後陣は摺鉢峠《すりばちとうげ》・小野宿《おののじゅく》に着陣した。ここから先は、六角義《よし》治《はる》が山に逆木をして道を塞いだため、人馬が通れずに二・三日を費やすことになった。それから信長は、浅井氏の属城である佐和山《さわやま》城（滋賀県彦根市）に入城して、六角氏には「天下所司代《てんかしょしだい》」就任を条件として投降を促し、近江の諸士には人質を差し出して、義昭へ恭順の意志を示すことを求めた。

　しかし、六角氏は三好三人衆と盟約していたため応じなかったことから、信長は浅井氏とともに、九月十二日に六角方の箕作《みつくり》城（滋賀県東近江市）に攻め寄せた。箕作山は、麓からは「二十町」（約二二〇〇メートル、実際は標高三七二メートル）ほどの山城で、申《さる》の刻（午後四時）から織田軍は佐久間《さくま》信盛《のぶもり》・木下秀吉・丹羽長秀《にわながひで》と浅井軍の浅井新八《しんぱち》に先陣一万、さらに新手の軍勢一万で四方から攻め上った。ここで城兵の根強い抵抗に遭い、人数を入れ替え入れ替えして新手の軍勢を次々に繰り出して攻め立てたが、手負いの兵卒が増えるばかりだった。『入洛記』によると、「信長ハいかり（怒り）をなして」とあることから、相当に苛立ったようであり、さらに兵士を入れ替えて、力攻めで攻めたてた。すると、ようやく丑《うし》の刻（午前二時）には敵が退散して、城を攻め落とすことに成功した。申の刻から丑の刻までなので、信長は箕作城攻略に多くの手負いの軍勢を出しながら、実に一〇時間を要したことになる。この攻防戦は、上洛戦において最大の激戦となった。

　信長は、翌十三日に観音寺《かんのんじ》城（滋賀県近江八幡市）に攻め寄せたが、すでに城主の六角承禎《じょうてい》父子をはじめとして、城兵も夜陰に紛れて甲賀へ落ち延び、城主退散により残党も降参したことから、難なく攻略に成功した。周辺の長光寺《ちょうこうじ》城（滋賀県近江八幡市）など十数ヶ城にも軍勢を派遣し、城下を放火したところ、いずれも落ち延びていたり、あるいは降参し、六角氏の家臣だった後藤・永田・進藤・永原・池田・平井・九里《くのり》などの国衆も投降したことから、江南二十四郡は五・六日のうちに信長勢に

『近江名所図会』に描かれた桑実寺　個人蔵

征圧された。信長はここで一両日兵士を休め、美濃に居た義昭に近江平定を報告して、二十二日に近江の桑実寺《くわのみでら》（滋賀県近江八幡市）へ迎え入れた。

なお、このような戦地における放火活動は、敵対勢力の勢力圏における生産活動を破壊する行為であり、兵粮や、弓矢・槍などの軍事物資となる竹木などを絶やすことを目的として行われた。また、領民の生活を脅かすことによって、それを領主が保護できないことを示して、人心乖離のために合戦では常套手段として行われた。

上洛戦の主体はだれか

観音寺城落城の報は、瞬く間に京都中に知れ渡った。織田軍の入京が目前に差し迫り、京都が戦場となる危険性が現実的となったことから、京中騒然となった。山科言継は、九月十四日の日記に「尾張の信長軍が夜明けに入京するのは間違いない、一晩中京都中で騒動になっている。仕方のないことである（尾州衆明暁出京必定と云々（中略）終夜京中騒動、不可説々々々）」と、状況を書き留めている。

しかし、信長は数日間は近江平定に着手したため、すぐには入京しなかった。その間も京都では、「織田出張、日々洛中洛外騒動なり、一両日中の由申す、今朝騒動なり」（九月二十日条）、「今日の出張延引云々、来廿四日必定云々」（九月二十一日条）と、来たるべき入京の日を憂い、戦々恐々としていた。

織田軍の先陣は九月二十二日に琵琶湖を船で勢多《せた》（瀬田）から渡り、二十三日に山科七郷に着陣した。信長は守山《もりやま》から二十三日に三井寺極楽院《みいでらごくらくいん》へ本陣を進め、二十四日に大津の馬場・松本に着陣した。翌二十五日に信長は禁裏の警固を命じる一方で、東の田中の在所を放火した。義昭は信長の後から渡海して、三井寺光浄院《こうじょういん》に御座を移している。ここで注目すべきは、『入洛記』に「その外《ほか》人数、大津・松本・馬場・粟津・志賀・坂本に充満せり」と記されていることである。「その外」とあることから、これは信長の軍勢とは区別した「その外」の軍勢と解釈することができる。では、大津から坂本一帯まで「充満」した軍勢とはどこから来たどのような軍兵なのであろうか。

ここで、そもそもの上洛の主体について考えておきたい。従来は、「天下」を獲るために義昭を「奉戴」して上洛するための大義名分に利用した信長と考えられていた。再興された幕府は信長の「傀儡」であると見なされた、大きな要因の一つになっている。しかし実際には、当時の史料に「御公方様御入洛に付き、織田上総守（介）御供として上洛」（『斑鳩旧記類集《いかるがきゅうきるいしゅう》』）と記されていることから、義昭の上洛に信長が「御供」として供奉したと捉えられていた。したがって、当時の人々には上洛の主体は義昭と考えられていたのである。このときの上洛戦も、信長側の史料である『原本信長記』に「今度御動座の御伴衆、末代の高名と諸家これを存じ、士力日々に新にして、戦うこと風を発するごとく攻め、河のごとく決すとは、それ是を謂うか」とあり、将軍に付き随った「御伴衆」たちは末代までの高名で大変名誉なこととして、士気を上げて戦ったと記されている。そのため、従軍した武士たちは将軍のために合戦したのであり、将軍の威光によって瞬く間に畿内が平定されたと認識されていた。

また、この後に三好三人衆等の勢力が義昭を攻めた本圀寺《ほんこくじ》合戦では、信長の尾張・美濃・伊勢をはじめとして、山城・摂津・河内・和泉・大和の五畿内、さらに周辺の近江・若狭・丹波等から武士たちが将軍への忠誠を示すためにことごとく上洛して、八万人にもおよぶ軍勢となった（『言継卿記』永禄十二年正月十二日条）。したがって、諸戦での信長軍による勝利が後押ししたことは間違いないが、正統な足利家の嫡流が上洛することにより将軍に忠誠を示す武士が参集し、「その外」の軍勢になったと理解することができる。『重編応仁記《じゅうへんおうにんき》』は、この平定戦の様子を「公方家の御威勢はおびただしい」と伝え、「今度の儀、御威光によって凶徒《きょうと》速やかに没落し、畿内悉く退治」され、「公儀の御威光ゆえに、今度御敵退散して五箇国（近江・山城・摂津・河内・和泉）御手に入る」と記している。まさに上洛戦は、義昭の将軍権威と信長の権力が一体となって展開されたものであった。

畿内平定戦の展開

さてその後、上洛戦はどのように展開したのであろうか。ここからは日次記的に、時系列に沿って日付ごとに見ていくこととする。

九月二十六日、先陣は淀・鳥羽・竹田・伏見・塔森《とうのもり》にまで進軍した。信長本隊は山科郷粟田口《あわたぐち》や西院《さいいん》の方々を放火しながら北白川から入京し、信長は東寺まで進軍して東福寺に陣を移した。義昭は東山の清水寺に移り、ついに宿願だった上洛を遂げた。この間に、久我《こが》荘では三好勢との軍事衝突があり、さらに先陣が桂川を渡るときに、三好勢の石成友通と細川玄蕃頭が五百の兵を擁して勝龍寺《しょうりゅうじ》城（京都府長岡京市）から攻撃を仕掛けてきた。織田軍一〇〇〇の軍勢はこれを返り討ちにして勝ち鬨《どき》をあげて城を包囲したところ、城から降参が告げられた。このことが信長に報告され、翌二十七日に城兵を赦免して開城させた。『入洛記』には「山城一国相はつ（果てる。征服する）」と記されており、山城国は義昭・信長によって征圧されることになった。なお、この後に義昭が御座所とした本圀寺の寺誌によると、義昭は幕府の初代将軍足利尊氏が筑紫から上洛した際に奉納した開運の太刀と甲冑を受け取り、摂津へ出陣したとある（『本圀寺志』）。このことから、室町幕府を創設した尊氏の故事に基づいた、義昭の「当家再興」にかける意気込みを読み取ることができる。

九月二十七日、三好方の五畿内の勢力と淡路・阿波・讃岐の四国勢は山崎に陣取っているとの風聞があることから、信長は先陣を遣わしたところ、すでに軍勢は退散していた。このとき、柴田勝家《しばたかついえ》・坂井政尚《さかいまさなお》・森可成《もりよしなり》・蜂屋頼隆《はちやよりたか》が連署で禁制を発給しているため（『武家事紀』）、織田軍の先陣は彼らだったと考えられる。信長の本隊は西岡や吉祥院・淀・鳥羽を放火しながら河内方面へ軍を進め、山崎・天神馬場に着陣する。義昭は清水寺から東寺へ移り、さらに西岡向日《むこう》の寂勝院《じゃくしょういん》に移った。

九月二十八日、信長はさらに先陣を芥川《あくたがわ》へ遣わした。ここにはかつて、三好長慶の居城で畿内支配の政治的拠点だった芥川城があり、三好長逸と三管領家のうちの一つである細川家の当主信良が立て籠もっていた。先陣は市場を放火して、三好勢に圧力をかける。織田軍は山崎を征圧し、さらに西

芥川城跡の堀切　大阪府高槻市

岡一帯をことごとく放火して、三好勢を掃討している。ここでは、「取る物など繁多なり」（『言継卿記』九月二十八日条）とあることから、略奪行為も行われた。戦場となる場所はこのようなことが行われないように、事前に禁制を獲得して自力救済による自己防衛に努める必要性があったのである。義昭は、この間に山崎の竹内左兵衛の屋敷に移った。

九月二十九日、先陣は芥川城の麓を焼いて攻めたて、その他の河内の所々も放火した。すでに二十七日の夜に、長逸・信良らは城内から行方知れずに落ち延びていた。義昭は天神馬場まで進んだ。この戦中に、京都の松尾神社は義昭・信長の帰京を見据えて禁制を求め、寺域の安全を確保している（「松尾神社文書」）。

九月三十日、義昭が城主不在となった芥川城に入城して足利家の御旗を掲げ、ここを本拠地にして摂津・河内・大和征討が行われた。織田軍は大和郡山の道場と富田寺を征圧してから、池田勝正《いけだかつまさ》の拠る池田城（大阪府池田市）を攻めた。城下をことごとく放火して城を取り囲んだところ、城兵が打って出て抵抗を示した。攻め手も梶川平左衛門《かじかわへいざえもん》以下十余人が討ち取られて、負傷兵百人を出すほどの根強い防戦にあった。三の丸まで攻め寄せたところで、勝正は子息をはじめ五人の人質を差し出し、所領の保証を条件として降参する。

十月二日には、池田日向守《ひゅうがのかみ》と三好長逸が降参して出仕した。しかし三好勢は、河内国の越水《こしみず》・滝《たき》山《やま》城（兵庫県神戸市）に篠原長房が、高屋《たかや》城（大阪府羽曳野市）には三好康長が拠って義昭・信長勢に対抗した。現任の将軍足利義栄は摂津国富田に在住していたが、腫れ物を患ったことにより、交戦中に死去する。信長の侵攻により高屋城・飯盛城は降伏し、さらに高槻《たかつき》城・入江《いりえ》城・茨木《いばらき》城（大阪府高槻市）を次々と攻略して、瞬く間に摂津を制圧し「一国平均」（『足利季世記』）した。

十月四日、河内の畠山氏・松永久秀・三好義継・池田勝正・高槻の入江等が、芥川城へ「御礼」のために出仕した。久秀は、無双の名物である茶器「つくもかみ」（付藻茄子）と天下一振りの刀「吉《よし》光《みつ》」を献上し、この場で「和州一国は久秀進退たるべし」「大和切り取り次第」（『多聞院日記』『細川両家記』）として、大和一国の支配権が認められた。芥川城にはこれらの武家だけではなく、安堵を求めて多数の寺社も「御礼」に赴いた。各寺社では、義昭・信長に降伏するかどうかが協議され、興福寺では四日に使者を派遣して義昭に礼を申し述べている。また、堺の商人で茶人の今井《いまい》宗久《そうきゅう》は松島の壺を、武野《たけの》紹鴎《じょうおう》は茄子を、中には源義経が一ノ谷の合戦で使用したとする鐙を献上する者もいた。

このように、義昭のもとへ「御礼」に赴く武家・寺社・商人たちの群衆で、芥川城の「門前は市を成す」ほどに溢れかえった（『原本信長記』）。

これによって、近江・山城・摂津・河内・和泉の畿内一円は義昭・信長によって征圧され、さらに隣国の丹波・播磨の国衆が「御礼」に赴いたことにより、五畿内近国も「将軍の御手に属す」領域となった（『年代記抄節』）。十月六日には、朝廷から芥川城へ戦勝奉賀の勅使として公家の万里小路《までのこうじ》輔房《すけふさ》が派遣され、義昭に太刀、信長には十肴十荷が下賜された。このように、義昭が三好政権のそれまでの畿内政治における拠点だった芥川城で各氏の「御礼」を受けて勅使を迎え入れたことは、三好権力からの政権交替を印象付ける目的があり、政治的アピールになったといえる。

『年代記抄節』によると、「当月中に、将軍の御手に属し候国」として、「近江・山城・摂津・和泉・河内・大和・丹波・播磨・伊勢」の九ヶ国が将軍の勢力下に属したと記している。また、『多聞院日記』にも「山城・摂津・河内・丹波・江州、悉く以って落居す」とあり、「昔もこのように一時に将軍が御存分に勢力下に置いたことはなく、希代に勝つ事であった（昔も此くの如く一時に将軍御存分はこれ無き事か、希代勝事なり）」と讃えており、義昭は「天下」の人々に歓迎をもって迎えられた。

この「天下」とは、①将軍が体現し維持すべき秩序、②京都、③「国」を管轄する大名の領域ではない、京都・畿内など「国」と棲み分けられた領域、④広く注目を集め「輿論」を形成する公的な場であり、領域的には京都を含めた畿内周辺を指し、将軍が管掌する領域だったことが明らかにされている（神田千里二〇〇二）。当時の人々には、「天下」に対して「分国」という意識があり、まさしく「天下」は将軍が統治して、「分国」は大名が支配する棲み分けられた領域だった。これによって、信長が「天下統一」のスローガンとした「天下布武」は、「天下」＝「日本全国」から「畿内」と解釈されるようになり、信長は「日本全国を武力によって平定して統一すること」を目指したのではなく、「畿内に武を布」いて、「将軍を中心とした政治体制の再興」を政治的目標としていたことが明らかにされた。

信長の一代記『原本信長記』には、「五畿内隣国は皆すべて将軍の御命令に任される領域となった（五畿内隣国、皆もって御下知に任される）」と記されている。このことからも、信長の意図は「天下（日本全国）統一」の野望のための上洛ではなく、義昭のために畿内平定を行うことだったことが読み取れる。まさに、信長が政治的目標として標榜した「天下布武」が達成された瞬間だったといえるだろう。

大和計略と松永久秀

松永久秀は、芥川城で義昭に名物の茶器と名刀を献上し、「御礼」を申し上げることによって赦免され、大和一国の支配権が「切り取り次第」で認められたことはすでに述べた。従来、このことは信長軍の猛威に屈して三好方の勢力から寝返ったとされてきた。しかし、これについて近年では、第二章で述べたように、久秀は幻に終わった第一次上洛計画の時点から、すでに義昭・信長陣営に与していたことが明らかにされている。さらに、義継・久秀と足利義栄・三好三人衆との対立があったことから、当初より義昭・信長陣営に属していたとされている。それではさらに、久秀が義昭陣営に与するようになった政治的背景を考えてみたい。

久秀への大和国の「切り取り次第」の宛行《あてが》いは論功行賞《ろんこうこうしょう》ということになり、信長軍の猛威に屈したとする従来の見解は大きく見直された。これについては、『足利季世記』にも「初めより三好衆と不和にて、一乗院様の御味方申すべき由、越州まで御使者進上申され」とあることから、義昭が越前に居たときから、使者を派遣して味方になることを申し出ていることが確認できるため、裏付けられる。さらに、（永禄十一年）八月十四日付けで信長が義継に発給した文書に、「近日御進発たるべく候、この刻御忠節肝要の旨、御内書成され候、猶その意を得、申し入るべくの由、仰せ出だされ候」(「丹波市教育委員会所蔵文書」)とあることから、上洛戦で義継と信長が同盟していたことが明らかにされた。義継は河内畠山氏と連繫し、久秀は甲賀の多羅尾光俊《たらおみつとし》と連繫し、安芸の毛利元就や村上水軍を調略していたことから、上洛戦で義昭・信長は苦戦を強いられることがなかったことが指摘されている(天野忠幸二〇一五)。

たしかに、三好三人衆・阿波三好家の動向に対して義継・久秀は連繫しておらず、久秀への大和国支配権安堵は一国規模の重要な案件にも関わらず、即座に決まっていることから、事前交渉があったと考えられる。しかし、ここで看過してはならない点は、久秀の「御礼」に対する義昭と信長の対応の違いである。『足利季世記』によると、「光源院様(義輝)を責め奉りし事なれば、如何と思《おぼ》し食《め》す」とあることから、兄義輝の仇敵だったため、義昭は当初は義継と久秀を赦さない方針でいた。しかし、それを信長が「天下御安治の時分にて、士の一人とも大切なり、殊に彼の族は一方の棟梁にて、多勢の人々なり、仰せ合わさるべき由言上」とあることから、義継は三好家の棟梁であるため、義昭に義継・久秀を赦免して味方にすることを進言している。このことから、義昭と信長の思惑は同一ではなく、義継・久秀に対する対応については意見が一致していなかったことがわかる。信長には彼らを赦免することによって、三好家の惣領である義継に、四国三好勢を統率させる意図があったと考えられる。

義継・久秀はもともと信長と連繫していたことにもよるが、三好三人衆が征圧している畿内において、彼らから排除されて孤立化していたことから、義昭陣営に属することを選択したといえる。また、久秀にとってさらに大きな要因としては、義昭・信長の軍事力を大和計略のための後ろ盾として利用する目的があったと考えられる。三好長慶が久秀に大和侵攻を指示して以降、大和国では筒井氏をはじめとした国人衆と久秀との対立関係が内在化していた。信長の進言を受け入れて義継・久秀を赦免した義昭は、芥川城で久秀に「信長より加勢有るべしと約束」（『足利季世記』）する。

そして、その直後の十月八日から「約束」のとおりに先陣を遣わして、久秀の軍勢を加えた総勢三万の軍勢で大和攻略に着手させた。このときに、義昭からは細川藤孝と和田惟政が「公方方ノ両大将」として、信長からも佐久間信盛が「織田尾張守方大将」として二万の軍勢が派遣された（『多聞院日記』十月十日条）。久秀はこの助勢を得て、筒井城（奈良県大和郡山市）の筒井順慶を攻め、さらには窪城《くぼ》（庄や井戸良弘《いどよしひろ》・柳本・豊田・筒井・森屋・十市・布施・楢原・万歳《ばんざい》などの国人衆を次々に攻略していった。当初、これらの国人衆は、実際には十月五日に芥川城へ「御礼」に赴いている。しかし、このうち十市氏のみはすでに許されていたが（『多聞院日記』十月二日条）、信長は久秀と連繋していたことが背景としてあったためと考えられるが、これらの国人衆を赦さなかった。信長は、大和計略においてはこれまでの近江・山城・摂津・河内における上洛戦のように、自らが軍勢を率いて侵攻するのではなく、久秀と順慶の抗争を利用し久秀を味方にすることによって、久秀を助勢する形で大和へ軍事介入し、大和国人衆たちの征討を行ったのである。

以上のことから、久秀は足利義栄・三好三人衆と決裂したことにもよるが、その背景の一因として、義昭・信長陣営に属し、彼らの権威と権力を後ろ盾とすることによって、大和計略を有利に展開する意図があったと考えられる。これにより久秀は、長慶から認められていた大和北郡の支配権が、さらに義昭から正式に大和一国へと拡大することになった。一方の信長は、久秀を積極的に受け入れて松永勢力を支持し、それを利用することによって、大和を義昭の勢力圏に組み入れる意図があったと考えられる。そのため、義昭の思惑とは別に、久秀と信長の利害関係は合致していたといえる。これは、実質的には久秀による大和征討戦であることは間違いないが、結果的には義昭の命を承けた畿内平定戦の一環であるという側面も有していた。大和平定によって畿内平定戦は終結することとなり、信長は十月十四日に義昭に帰洛をすすめて、義昭に「御供」して再び入京した。義昭は六条にある本圀寺に移り、以後は天正元年七月に信長によって京都を追放されるまで在京することとなった。

義昭にとっての「天下静謐」

本圀寺に凱旋した義昭のもとには、門跡の聖護院新門主道澄《しょうごいんしんもんしゅどうちょう》や理性院《りしょういん》、公家の菊亭晴季《きくていはるすえ》・山科言継・庭田重保《にわたしげやす》・葉室頼房《はむろよりふさ》などの僧俗数十人が「御礼」に訪れている。さらに義昭は、十六日に「御供七騎」のみを従えて、管領だった細川氏綱の旧邸に移った（『言継卿記』）。このことも、芥川城と同様に、かつて幕府を主導した細川京兆家からの政権奪取を印象付ける政治的な意図があったと考えられる。さらに、このことは実に些細な出来事であるため、これまで着目されることがなかったが、これは「天下静謐」に関わる非常に大きい政治的な汲意《きゅうい》があると考えられる。

このように、将軍が武装解除してほぼ丸腰の状態で少数の供廻りだけで洛中を移動することは、周

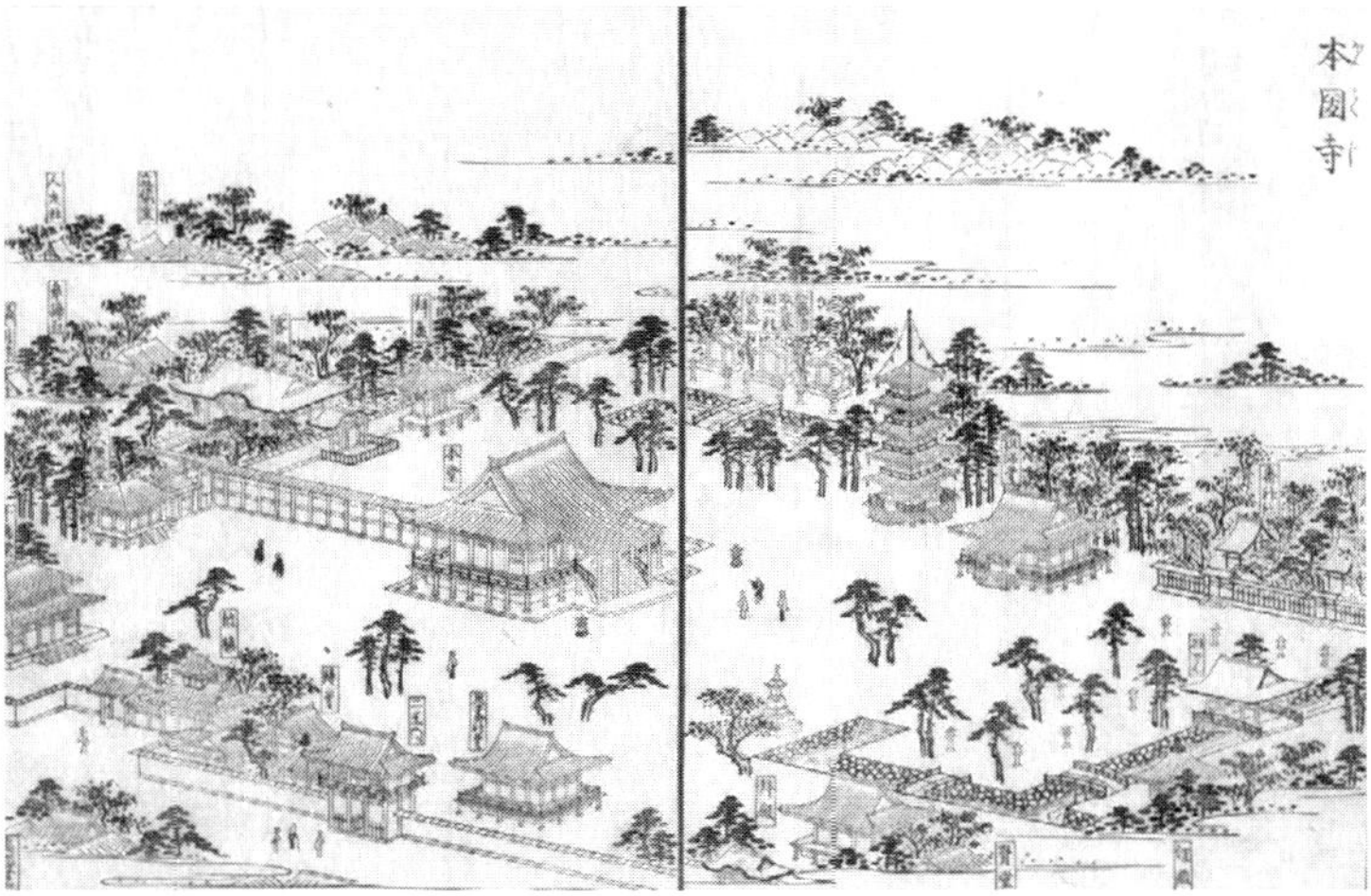

『都名所図会』に描かれた本国（圀）寺　個人蔵

囲に敵対勢力が蟠踞している戦時下においては絶対にできない行為である。そのため、義昭は自らがそれを行うことによって、敵対勢力が駆逐されて京都に平和が訪れたことを京都の町衆に対して可視的に示し、将軍の威光によって畿内が静謐になったことを誇示する、政治的な意図に基づいた行為であったと考えられる。つまり、「天下」の主宰者として、町衆に静謐で安全であることを示すために、領主はその体現者として丸腰でいる必要性があったのである。京都の人々は平装で少数の供廻りのみで移動する義昭を見ることによって、平和が訪れたことを実感することができたと考えられる。

しかし、義昭はこの隙を衝かれて、翌年の正月に御座所としていた本圀寺を三好三人衆等の勢力に襲撃されている。また、この点を踏まえると、実は義輝が弑逆された「永禄の政変」も、信長が家臣の明智光秀に討たれた「本能寺の変」も、少数の小姓《こしょう》と馬廻りだけで在京していたところを襲撃されていることから、同じ状況下にあったといえる。従来、これらの政変は義輝と信長の油断から生じた事件と考えられているが、実際には「天下」の主宰者として領民に「天下静謐」を示す必要性があったため、あえて軍勢を京都に配置せず、少数の供廻りだけで宿泊する必要性があったと考えられる。

この「天下静謐」は、文字どおり「天下」を「静謐」にすることである。「天下」、すなわち京都を中心とした畿内に平和状態を現出させることであるが、義昭にとってはそれとは別の、さらに政治的な意味合いがあった。たとえば、義昭が三好三人衆に襲撃された本圀寺合戦の後に、義昭が安芸の吉《きっ》川元春《かわもとはる》に戦況の報告と四国の三好勢討伐を画して、豊後の大友宗麟との講和を図る御内書を発給した。そこには、「逆徒等と一戦に及び悉く討ち果たす、いよいよ天下本意に属し」（『吉川家文書』四七二号）とあり、講和の使者となった久我宗入《こがそうにゅう》の宗麟宛て書状には、「今度京表に至り御敵相働き候ところ、即時に討ち果たされ平均候」（『大友氏記録』）とある。義昭にとっては自身の「逆徒」を討ち果たし、「天下」を「平均」にして「本意」に属す支配領域とすることが政治的目標だったといえる。

これによって征圧された「天下」は、九州の龍造寺《りゅうぞうじ》氏に関係する史料の『水江事記《みずえじき》』に、「将軍家、逆臣を伐するを欲して、天下静謐の功を立てるなり」と記され、元亀元年四月十九日付けの徳川家康宛て甲斐武田信玄書状には「洛の内外静謐の由、珍重に候」（「白崎良弘氏所蔵文書」）とある。元亀二年四月十三日付け吉川元春宛て聖護院道澄書状に「京都いよいよ静謐の姿候」（『吉川家文書』五七〇号）とあるように、各地における大名たちからも、「天下静謐」と認識されて祝意を表されるに至る。

以上のことから、義昭にとっての「天下静謐」とは、自らの敵対勢力である三好三人衆らを撃退し、「天下」を「平均」にして「本意」に属す領域にすることだった。「天下」は将軍義昭の権威と信長の軍事力によって「平均」となり、三好勢から支配権を奪取して、将軍の「御下知」に任され「御存分」に「本意」に属する、足利将軍家が再び掌握して管掌する領域となった。そして、その政治的目標の達成こそが、義昭にとっての「御当家再興」の内実だったといえる。

信長にとっての「天下静謐」

さて、信長は清水寺から「古御所」へ移り、旧細川邸で義昭に太刀と馬を進上している。義昭から信長へは、直に手ずから盃に酒が振る舞われて、御剣が授けられた。ここには、「御礼申すの輩数多、僧俗数を知らざる也」（『言継日記』十月十七日条）とあることから、数を数えることができないほど多くの僧俗が義昭へ「御礼」に訪れている。能登からも畠山義胤《よしたね》が使僧を遣わして、義昭に畿内平定の祝詞を述べている（「自養録裏文書」）。信長側の史料『原本信長記』には「天下一同喜悦の眉を開」いて「天下存分に属す」とあることから、まさしく信長が目標とした「天下布武」が達成されたといえる。「天下布武」は永禄十年十一月から使用されており（「兼松文書」『信文』八〇号）、義昭との上洛に関する政治交渉が行われた時期と一致することから、上洛計画と全く無関係ではないことが明らかにされている。ここで問題となるのは、定説とされてきた信長は自らが上洛して京都に旗を立てて「天下（日本）」を統一する意思表示の「天下布武」なのか、それとも乱れた「天下（畿内）」の争乱を終息させて、将軍を中心とした秩序回復を図るためのスローガンだった（神田千里二〇〇二）のかである。

　そこで、信長入京以前の京都について確認しておきたい。『言継卿記』の永禄十二年三月三日条に拠ると、「武家御押領」「近年三好方押領」「去年公方衆違乱」とあることから、公家らの多くの所領は、「三好方」や「公方衆」の「武家」勢力による「御押領」「違乱」が行われていた。つまり、「静謐」を実現させるはずの主体である幕府方の勢力によって、秩序が乱されているのが現状だったのである。このような状況に対して信長は、秩序回復と安定を図るために、永禄十二年正月十四・十六日に「殿中《でんちゅう》御掟《おんおきて》」（「仁和寺文書」）を定めて、幕府における裁許の手続きを規定したと考えられる。

　また、信長は「外聞《がいぶん》」（世間の評判）を非常に重視していたことが明らかにされている。幕府の一員が権威を笠に着て、違乱して押領行為をすることは「外聞」に支障をきたすことである。義昭を支えている信長にとっては、自らも非難されうることになるため、許しがたい行為だったと考えられる。所領主にとって信長は、幕府方勢力の押領を幕府に「執り申」し、「異見」して止めさせる存在として期待された（「異見十七ヶ条」『尋憲記』元亀四年二月二十二日条『信文』三四〇号）。「二重政権」構造が現出する背景には、このように領主から希求されたことが一因としてあったのだった。

　それでは、信長は「天下」を支配することをどのように考えていたのだろうか。実際のところ、信長は京都に居館を設けず居城地の美濃へ帰国しており、さらに美濃に居るときには、「ただ今は京面の儀、万事存ぜず」（『言継日記』永禄十二年十一月十四日条）と述べている。また、京都から公家が所領相論のために美濃へ下向した際には、「製《（制）》札これを打ち、一切公事訴訟停止なり、陣より注進の外、申し聞くべからず」（『同』元亀二年十二月十六日条）とあることから、陣中からの注進以外は受け付けず、京都の政治に関わることには制札まで立てて消極的だった様子が確認できる。その理由としては、一つには三好権力を征討後に自らが政権を主導して、諸国の「分国」の大名たちに幕府の実権簒奪の「野望」があると思われたくなかったためと考えられる。そしてもう一つには、やはり「天下」の主宰者は本来は将軍であることから、義昭が将軍に就任して「御当家」が「再興」されたため、「天下」の支配は将軍が行うべきであると思っていたためと考えられる。

信長が元亀二年四月二十一日に小早川隆景に宛てた書状には「幾（畿）内并分国」とあり、その副状の武井夕庵・木下秀吉連署状にも「幾（畿）内そのほか信長分国何れももって静謐にて候」（『毛利家文書』『信文』二七七号）とあることから、「畿内」＝「天下」と信長が支配する「分国」とは、明確に区別され棲み分けられた領域概念だった。以上のことからも、「天下布武」は将軍が支配する秩序の回復だったのである。したがって、ここからは幕府を「傀儡化」するのとは逆に、将軍が主宰する京都支配には関与しないようにしている政治姿勢がうかがえる。それではさらに、「天下布武」と将軍の主宰する領域である「天下」の概念について、信長の禁制《きんぜい》と寄宿停止の側面から考えてみたい。

盛んに発給された禁制

禁制は、軍勢による乱妨《らんぼう》・狼藉《ろうぜき》などを禁止した事項を記した文書である。その軍勢の統率者が、「当手の軍勢」として自軍の兵士が乱妨行為を行うことを禁止し、多くは木札に書かれて交付された。ちなみに信長の木札は、美濃円徳寺《えんとくじ》宛て制札などでは「弥四良」によって作成されていたことが判明している（安土城考古博物館二〇〇〇）。一般的には、進軍先の寺社・郷村などが、攻め寄せてくる軍勢による乱妨・狼藉を阻止するために、相手方と事前交渉を行って、「制札銭」「御判銭」や作成に関わった右筆に「筆耕料」を納めることなどによって交付を受けた。それを門前に掲げることで、領域の安全確保がなされた。実際に、信長からの禁制獲得については、大和大乗院《だいじょういん》の住僧尋憲《じんけん》が越前まで下向し、信長配下の部将である原田直政《はらだなおまさ》と交渉して禁制を獲得する過程が『越前国相越記《えちぜんのくにそうえっき》』に詳細に記されている（『福井県史』資料編三）。

　永禄十一年九月からの義昭と信長の上洛戦に際しても、「（上洛の）遙かに前より越前及び尾張の国に到り、公方様及び上総殿（織田上総介信長）より特許状を得、軍隊都に入る時、その寺院何等害を被らず、またこれを宿舎とせざらんことを計り、これがため一萬クルサドを消費せり、彼等は大に安堵し、喜んでその寺院に帰り」（『日本耶蘇会年報《にほんやそかいねんぽう》』）とあることから、義昭・信長軍によって侵攻されるおそれのある寺院は、尋憲の事例と同様に、越前にいる義昭と尾張の信長それぞれのもとに下向し、金銭を納めて安全が保障された「特許状」を獲得している様子が確認できる。この「特許状」は、性格からして禁制と考えて間違いなかろう。

　この上洛戦において、京都・摂津・大和では、それぞれ禁制の発給形態が異なっている。京都では、九月十四日付けで正親町天皇から信長に宛てて、「入洛の由、すでに叡聞に達す、それに付き京都の儀、諸勢乱妨無きの様に下知を加えらるべし、禁中陣下においては、警固を召し進らしむ」（「経元卿御教書案」）との、京都において軍勢による乱妨停止と禁中の警固を命じる綸旨が下されている。これをうけて信長は、「諸勢洛中に入り候ては、下々不届きの族もこれ有るべき哉の御思慮」を加えて、警固を洛中・洛外に仰せ付けた（『原本信長記』）。信長軍は「猥《みだ》りの儀」がなく、「尾州衆破却、乱妨無き如くたる体云々」（『言継卿記』九月三十日条）とあることから、京都では破却や乱妨が行われず、整然としていた様子が確認できる。これによって、「押領」「違乱」を行う三好権力によるそれまでの幕府勢力とは、一線を画する権力であることを京都の人々に印象付ける効果をもたらしたと考えられる。

写真上：永禄11年9月日付け織田信長制札　岐阜市・円徳寺蔵　岐阜市歴史博物館寄託
写真下：「弥四郎」刻字部分

以上のように、自力救済に基づいた事前交渉での禁制獲得による軍勢の乱妨狼藉の抑止効果と天皇からの命もあり、さらには京都の人々に「静謐」をもたらす存在としての織田権力の姿勢を示すことによって、信長は京都における人心掌握に努めた様子がうかがわれる。

しかし、摂津・河内においては、行軍の経路である大山崎近郊で、「取る物も夥しい」（『言継卿記』九月二十八日条）ほどの略奪行為が行われた。摂津国内では家々が乗っ取られて乱妨され、国中所々の旧跡は打ち破られて、寺内の財宝が奪い取られる有り様だった（『足利季世記』）。このことから、戦場では禁制の有無によってそれだけの差異が生じていた。したがって、各々迷惑に思いながらも、「制札銭」を納付して安全の確保に努めたのである。

禁制は、基本的には申請者による自域保全のための自力救済に応じた個別発給である。しかし、奈良では『多聞院日記』（十月二十三日条）によると、「今度ナラ《奈良》中防禦の制札、上総より出だされ、判銭とて過分に申懸ける」とあることから、侵攻に際して信長側から奈良中に禁制の「御判銭」を過分に賦課している様子が確認できる。当初は「凡千貫余」だったが、ランクが設けられ、「ナラ中へ、今度尾張衆の制札銭申し付けられ了、上三貫二百、下五十文、十四五色に重々分て懸けられ了」とあり、譴責使《けんせきし》が派遣されて厳しく取り立てられた。「今度奈良中制札銭過分にかかる、万人迷惑限り無し」とあり、迷惑している様子が記されている（『多聞院日記』十月二十三・二十六日、十一月二日条）。

さらに、摂津と大和の寺社や要所に対しては、「公方家再興ノ御軍用」（『重編応仁記』）として礼銭や矢銭《やせん》が課されている。たとえば、大坂本願寺には五千貫の礼銭が課され、堺には二万貫文の矢銭が課された。本願寺は礼銭を納めて難を逃れたが、堺の三十六人からなる会合衆《えごうしゅう》は一味同心して櫓《やぐら》を建てて堀を掘り、抵抗する姿勢を示したことから信長によって征圧された（『細川両家記』『足利季世記』『重編応仁記』）。また、大和の法隆寺は「寺家忩劇、尤（以ヵ）の外の儀に、用途過分に申し懸け」（『斑鳩旧記類集』）られており、家銭として銀子五十枚と礼銭六百貫文が課された（「法隆寺文書」）。さらに、妨築銭などとして千貫余りが徴収されており、「寺領の義、異儀なく候」と寺領の安全を確保している（『勅《ちょく》会《え》梵音《ぼんのん》衆《しゅう》集会《しゅうかい》曳付《ひきつけ》』）。興福寺でも禁制の他に、「懸銭に付、先段京都へ十二貫文御入の内、且つは立用則請け取り、各取りこれを遣わす、ケコンキン（華厳院）方五貫三百文、本利済み了」（『多聞院日記』十一月二十三日条）と、賦課された分を納めることによって安全を得ている。

この礼銭・矢銭は軍勢の兵粮等の軍用費として用いられ、『重編応仁記』にあるように、後日「公方家再興」のために義昭が官途を得る際の費用や在京料として運用されたと考えられる。大和では、禁制に応じず矢銭も献上しない者に対しては、「国中敵味方の在所を悉く焼き払」ったことから「諸衆歎息限りなし」（『勅会梵音衆集会曳付』）とある。

禁制は、織田軍のみならず幕府によっても発給され、摂津の多田院《ただいん》は、祈祷の巻数《かんず》と太刀一腰・馬一疋を献上して義昭から返礼の御内書と禁制を獲得している。また、摂津の本興寺《ほんこうじ》や大和の法隆寺・薬師寺も禁制を得ている（「多田院文書」「法隆寺文書」「薬師寺文書」）。以上のような手続きを経て、次のような禁制が発給された。

〔史料3〕山城遍照心院宛禁制（「大通寺文書」『信長文書』一一八号）

禁制　西八条遍昭(照)心院并境内

一、当手軍勢濫妨・狼藉の事、
一、私として矢銭・兵粮［米脱ヵ］を相懸け、非分の事、
一、陣取、放火、竹木を伐採し、田畠を荒らす事、
右条々、違犯の輩においては、速やかに厳科に処すべき者也、仍執達如件、
永禄十一年九月日　弾正忠（朱印）

禁制の内容は三箇条にわたっており、「当手」の軍勢である信長軍の兵卒が濫妨・狼藉や矢銭・兵粮米の賦課、および陣取り・放火・竹木伐採・田畠を荒らすことが禁止されている。これに違犯した兵士は、「厳科」が科されて厳しく罰せられた。

「天下」における特異な信長禁制

ところで、信長が畿内において発給した禁制には、他所では見られないある大きな特徴が見出せる。〔史料3〕をご確認いただきたい。それは、本文末の書止文言が、「仍執達如件」（仍《よ》って執達《しったつ》件《くだん》の如《ごと》し）となっていることである。通常これは、上意を承けて発給される奉書に用いられる文言である。

信長が発給した文書は、『信長文書』に大部分が採録されている。同書には、約一四〇〇点の文書が所収されているが、このうち約一割にあたる一五三点が軍勢移動に際して発給された禁制である。このうち書止文言が「仍執達如件」となっている信長の禁制は、二十八点確認することができる（『信文』九六・九七・一〇一〜一〇四・一〇六〜一二二・一二八・一二九・一五八・一五八・三一三号）。初見は永禄十一年

八月日付けの近江国の成菩提院《じょうぼだいいん》と多賀社《たがしゃ》宛て禁制（「成菩提院文書」「多賀神社文書」『信文』九六・九七号）で、終見は元亀三年三月日付け摂津長遠寺《ぢょうおんじ》宛て（「長遠寺文書」『信文』三一三号）である。宛所は、近江・山城・摂津・河内・大和・播磨に限られている。

この形式の信長禁制が発給された時期は、義昭に供奉しての上洛時から、義昭が信長に敵対して蜂起するまでの期間と完全に一致しており、範囲も山城が一八点と最も多く、その周辺国に限られている。実際に永禄十一年八月から天正元年七月までの期間で、それ以外の地域（近江・伊勢）に出された禁制の書止文言は、いずれも「仍下知如件」となっている（『信文』一九七・二三九・二四一・三四五・補一九七号）。天正元年八月・同三年九月の越前と同十年三・四月の信濃・甲斐での禁制も同様である。

古文書学上、「仍執達如件」の書止文言を有する奉書の場合、通常は上意を承けた「仰せ下され（被仰下）」「仰せ出され（被仰出）」「～由候」や「御下知の旨に任され（任御下知之旨）」の文言が記されるが、それがない場合は、発給者が自らの意思を直接伝える直状《じきじょう》と定義されている。一方で、この従来の定義に対して、依藤保氏と水野嶺氏は、その範囲と期間から信長の領国外で発給する禁制はすべて「執達如件」であり、義昭の意を奉じた「奉書」であるとする両者同様の見解が示された。依藤氏は辞書の定義から、「執達」自体に上意を承ける意味があるとして信長禁制を「奉書」と規定し、信長は義昭を奉じていたことから、主人たる義昭の意を奉じて通達したと述べている。また、水野氏は禁制とさらに制札・条規も加えて、これらを「執達禁制」と定義し、それは義昭と信長との親密な信頼関係が成立していた上で、将軍の意を奉じて軍事行動を展開する幕府勢力圏において、往来に掲示して第三者の目に触れる禁制と制札にこの書止文言を意図的に使用することにより、信長は対外的に義昭を奉じる立場を示し続けたとしている。

しかし、これについては、奉書とした場合には発給主体は上位者の義昭ということになるため、文書名も「室町幕府禁制」としなければならなくなるだろう。さらに、実際問題として、既述のとおり上洛戦において信長は義昭に先行して陣を進めていることから、禁制を申請する者が後方にいる義昭に発給を求め、それから義昭が前方にいる信長に「下知」を下して、信長がその上意を承けてから禁制が発給されるということは、現実的に考え難いと言わざるをえない。そして何よりも、『日本耶蘇会年報』にあるように、受給者は義昭と信長のそれぞれ別個に禁制を求めていたのである。そのため、信長禁制に「被仰出」や「御下知」などの上意を承けた文言がない限りは、信長は義昭の上意を直接的に承けてはおらず、やはり信長は、独断で自らの意思によって直状として禁制を発給したといえる。

しかし、たしかに時期的・地域的にも、義昭政権が確立している期間に信長が領有する「分国」以外で発給されていたのは間違いのないことである。そのためこれは、上洛戦では義昭を総大将とする軍勢であることを示したものであり、さらには将軍が主宰する領域において軍事行動を展開する特殊性を反映したものだったと考えられる。

文書様式にみる「天下」の領域

さらに、両氏が触れられていない点として、文書の様式に着目したい。実は、この信長禁制にはもう一つの大きな特徴がある。それは、差出名に「信長」の記名がなく、官途のみが記されて「弾正忠（朱印）」となっている点である。通常、この無記名で「官途名」＋書止文言「執達如件」は、主として本所宛てに発給される将軍の上意を承けて発給される幕府奉行人奉書の様式である。「弾正忠《だんじょうのちゅう》」とは、朝廷が中央行政の監察や京中の風俗などを取り締まるために設置した警察機構の「弾正台」の役職である。長官である「尹《かみ》」を筆頭に、「弼《すけ》・忠《じょう》・疏《さかん》」の中核職員によって管掌された。朝廷の官庁は、このような「四等官」が定められており、「長官（かみ）・次官（すけ）・判官（じょう）・主典（さかん）」が官制の基礎となっていた。

信長は、上洛以前は地方行政の長官である「尾張守」を称していたが（〈永禄十一年〉六月二十五日付け越後直江景綱宛て書状『歴代古案』『信文』九〇号）、永禄十一年八月日付けの近江成菩提院宛て禁制から「弾正忠」を称している（「成菩提院文書」『信文』九六号）。もともと信長の家系は代々「弾正忠」を称していたこともあって、信長は上洛に際して、官途を地方官から中央において監察・警察を司る官庁の役職に変更したと考えられる。改変の時期からしても、「天下」を「静謐」にする信長の意志を反映したものであると考えられる。ちなみに、「忠」は「判官」にあたることから、「じょう」と読み、「弾正忠《だんじょうのじょう》」が本来の読み方であろうか。

また、発給範囲は『年代記抄節』に「将軍の御手に属し候国」として記された、「近江・山城・摂津・和泉・河内・大和・丹波・播磨・伊勢」とほぼ合致する。このうち、近江の南郡と伊勢は信長が直接的に領国化していた「分国」であるが、それ以外で発給された信長禁制は奉書様式だったのである。これらの点を加味すると、やはりこれは、自らの支配領域の「分国」ではない将軍の主宰する領域である「天下」において軍事行動を展開することの、信長の意識を反映したものだったと考えられる。そのためこの信長禁制は、上意を承けた文言は記されていないことからも、奉書様式を踏襲した信長の直状だったといえる。

この点をさらに補強するものとして、寄宿停止について考えておきたい。これは、寺社の坊舎などの家屋を兵士が宿舎として使用することを禁止したものである。幕府が再興されたことによって、「畿内平治して、公方家京都御安坐なれば、大名小名参り集いて」、諸国の軍勢は「洛中洛外に充満」（『重編応仁記』）することになった。『日本西教史《にほんせいきょうし》』によると「公方の宮殿は既に焼滅したれば、寺院中の最も著大なるものを選び、カワドノをして仮りにここに在らしめ、その他の寺院に兵士を宿せしめたり」とあるように、将軍御所が再建される前であることから、寺院が宿舎として利用されていた。しかし、兵士が宿泊すると乱妨狼藉を働かれる可能性が高いことから、寺社からは「釈徒は由来寺院が兵士の営舎たることなきをもって諌めたり」（『日本西教史』）と寄宿停止が求められた。幕府から発給された、十月七日付けの上京室町宛て・十月十日付け阿弥陀寺宛て・十一月三日付けの清水寺成就院宛て・十二月十九日付け若宮八幡宮宛ての禁制では、「寄宿事」の条項が追加され、本能寺にも十二月二十一日付けで寄宿停止の幕府奉行人連署奉書が発給されている（「京都上京文書」「阿弥陀寺文書」「成就院文書」「若宮*八幡宮文書」「本能寺文書」）。

山城妙顕寺《みょうけんじ》は、永禄十一年十二月日付けで信長から、「公方様御下知なされる」として寄宿停止の

『都名所図会』に描かれた妙顕寺　個人蔵

朱印状が発給されている。さらに信長は、翌年四月二十日付けで再度朱印状を発給しており、ここには「御内書・御下知の旨」とあることから、義昭の御内書と義昭の「御下知」を承けた幕府奉行人連署奉書に基づいて寄宿を停止している（「妙顕寺文書」『信文』一三九号・一七六号）。また、阿弥陀寺は永禄十二年正月十八日付けで信長の家臣である森可成の書状と、同年十月九日付けの細川藤孝・明院良政《みょういんりょうせい》・木下秀吉による連署状で、「当寺寄宿等の事、御下知の旨に任せ、御免除相違あるべからず」と、寄宿を免除されている（「阿弥陀寺文書」）。このような寺院に寄宿する場合には、「拙者宿に付いて、公方様・信長へもその御断り申し候」（元亀元年十二月二日付け稲葉一鉄書状「妙顕寺文書」）とあることから、「天下」の主宰者である義昭と主君の信長それぞれから許可を得る必要があった。そのため、寄宿停止は将軍が管掌する領域での治安維持に密接に関わる案件だったのである。

以上のことから、信長はやはり京都を中心とした「天下」は、「分国」とは異なる将軍の管掌する領域との認識を持っており、奉書様式の禁制や寄宿停止を命じる文書は、そのことを反映していると考えられる。したがって、書止文言「執達如件」の信長禁制は、義昭との親密な関係や上意下達の意思伝達系統に基づいて発給されたものではなく、寄宿停止の事例からも、「天下」の領域概念に基づいて軍事行動を展開する信長の意識を反映して発給されたものだったといえる。

また、上洛に際して官途を地方官の「尾張守」から「弾正忠」に変更して使用したことは、自らが中央において監察・警察を請け負うことを宣言したものであり、「天下布武」と密接に関連する信長の意志を表したものだったと考えられる。官職は当該期においてはすでに形骸化しており、「弾正忠」となったことによって信長が中央における役職を務めることは現実的ではない。しかし、禁制から使用されたことからも、「押領」や「違乱」を糺す意識や理念を反映したものだったと考えることは可能であろう。

第四章　幕府の再興と義昭の政権構想

守護の補任と防衛ラインの構築

征夷大将軍に就任した義昭は、上洛戦の論功行賞として所領の宛行と守護の補任を行った。摂津国は、池田城主の池田勝正と伊丹《いたみ》城主（兵庫県伊丹市）の伊丹親興《ちかおき》がそれぞれ本領を安堵され、さらに、芥川城は上洛前に義昭を支援した和田惟政に与えられて、三人を守護に補任した。河内国は、高屋城主の畠山高政と若江《わかえ》城主（大阪府東大阪市）の三好義継の二人が半国守護となった。大和国は、多聞山城主の松永久秀に「切り取り次第」として支配権が与えられた（『多聞院日記』『年代記抄節』）。山城国は、元亀三年（一五七二）五月八日に三井寺光浄院暹慶《こうじょういんせんけい》（山岡景友《やまおかかげとも》）が守護に補任された（『兼見卿記』）。

このうち、とくに重要で注目すべき点は、惟政への宛行である。基本的にこのときの守護補任は、従前のそれぞれの支配権を追認する「当知行安堵《とうちぎょうあんど》」だったといえる。しかし、惟政は本領が近江のため、新しく所領を宛て行う「新知宛行《しんちあてがい》」である。さらに、芥川城はそれまで「天下」で支配権を確立していた三好長慶の居城地で、畿内における政治的拠点だった。そのため、この城に惟政が配置された意義は非常に大きいといえる。

惟政がこれだけ厚遇されたのは、永禄の政変の後に南都脱出から義昭を支援して、和田館に迎え入

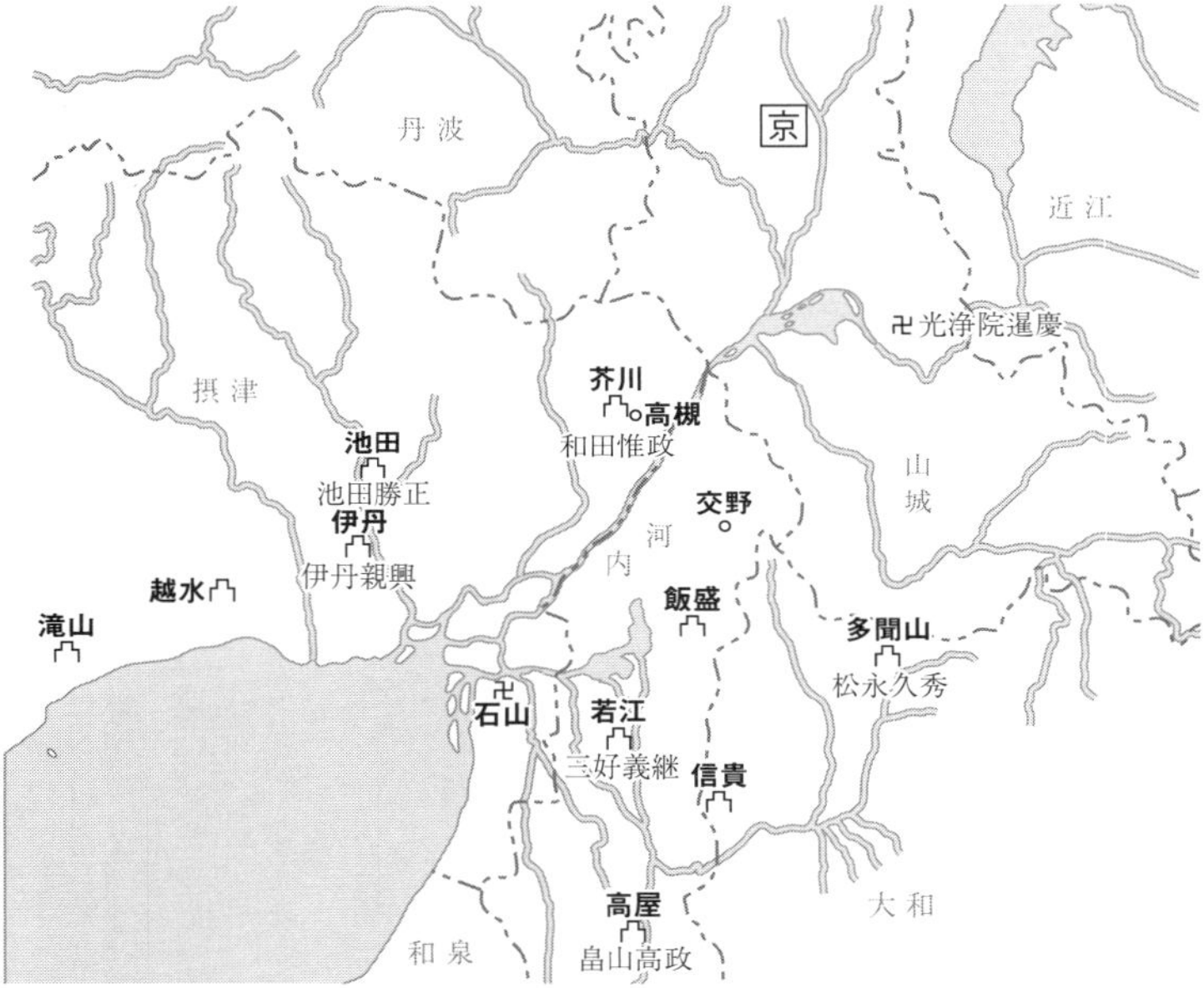

図５　義昭政権の守護畿内配置図

れて庇護したことに対する義昭の最大限の褒賞だったことは言うまでもないだろう。惟政は信長から、「己の副将、すなわち（都の）副王となし、己の在京せざる時の万端の政務に当たら」せられたため（『日本西教史』）、この後もしばらくは京都に残留したようである。

信長への副将軍・管領職就任要請では、細川藤孝とともに義昭の「御使」として信長との交渉役を務め（『言継日記』）、また、キリスト教徒の京都居住と布教許可を義昭に取り次いでいる（『日本耶蘇会年報』）。さらに、禁裏御料所《きんりごりょうしょ》の諸公事《しょくじ》のことについて上下京の問屋と折衝したり、率分銭《そつぶんせん》のことについて公家の山科言継と交渉している（『言継卿記』十月二十一日・永禄十二年三月二十五日条）。

加えて、阿弥陀寺の寺領を安堵したり（「阿弥陀寺文書」）、陸奥の伊達輝宗《だててるむね》をはじめとした諸国の大名に幕府造営の殿料《でんりょう》を賦課するなど（『伊達家文書』二七四号）、各方面との交渉において幕府を代表するような役割を果たしている。なお、惟政はこの後に居城を高槻城に移している。

これら畿内における守護補任は、軍事的に大きな意味を持つことになる。それは、三好三人衆・阿波三好家のこれ以後の京都侵攻を阻止することに成功していることである。幕府の直轄軍で将軍の親衛隊である奉公衆の兵力は、「元亀の争乱」で義昭が出陣した際に二〇〇〇人を率いており（『尋憲記』『細川両家記』）、本圀寺合戦のときも二〇〇〇人で籠城したとあることから（『当代記』）、二〇〇〇人ほどと考えられる。それに対して、三好勢は『尋憲記』『細川両家記』によると一万三〇〇〇人におよぶ兵力だった。したがって、単純計算の兵力差だが、奉公衆の兵数だけでは三好勢の侵攻を阻止することはできない。それを未然に阻止することができたのは、畿内に配置した守護が防衛ラインとして機能したためであり、その軍事的役割は大きかったといえる。

後述するが、「元亀の争乱」のときなど、これ以後も四国三好勢は京都侵攻をはかるが、実際にそれを阻止している。また、近江国衆の山岡景友を山城国守護に任じたのは、それまで京都に入る東側の防衛は信長が担っていたが、それを補強するためだったと考えられる。このことから義昭は、畿内における防衛ラインを構築することに成功したといえる。これによって「天下静謐」が実現化でき、義昭は少数の供廻りだけで洛中を移動することが可能になったのである。

信長への論功行賞と管領家の再興

上洛戦の最大の功労者だった信長には、近江・山城・摂津・和泉・河内の五ヶ国から望みの国と、かつて織田家の主家であった斯波《しば》家の家督である左兵衛督《さひょうえのかみ》の継承と斯波家が務めた幕府の要職である管領就任が提示され、さらには副将軍職への就任が論功行賞として示された。

〔史料4〕『原本信長記』（③は、「古今消息集」『大日本史料』十編之一、永禄十一年十月二十四日条）

①今度国々凶徒等、日を歴せず、時を移さず、悉く退治せしむの条、武勇天下第一也、当家再興これに過ず、弥国家の安治、偏えに頼み入るの他なし、猶藤孝・惟政申すべく也、

十月廿四日　　御判

御父織田弾正忠殿

御追加

②今度大忠により、紋桐・引両筋遣し候、武功の力を受くべき祝儀也、

十月廿四日　　御判

御父織田弾正忠殿

③三職の随一、勘解由小路家督存知せしむべく候、然る上は武衛にまかせ訖《おわんぬ》、今度の忠恩尽し難きにより、此くの如く候也、

十月廿四日　　在判霊陽院殿義昭也、

織田弾正忠殿

義昭はここで、信長のことを「武勇天下第一」と讃え、さらに足利家の家紋である桐紋の使用を免許している。また、義昭は天文六年生まれで、信長は同三年生まれであることから、三歳しか違わない信長のことを「御父」と賛辞敬称している。三通目に記された「勘解由小路《かげゆこうじ》」は、斯波氏の邸宅があったことから斯波氏を指しており、「武衛《ぶえい》」は兵衛府《ひょうえふ》の唐名で、斯波氏が代々「左兵衛督」になっている。そのため義昭は、ここで信長に斯波氏の家督を継承して、「左兵衛督」になることを勧めている。この三通のうち一通は義昭の自筆であり、信長は畏れ多いとして憚って返上した（『重編応仁記』）。もっともこのことは、手紙を返上するとともに、そこに記された内容も断る意をも含んでのことであると考えられる。当時は右筆が文面を執筆するのが通例であるため、将軍自らが直筆で手紙を書くことは異例中の異例である。また、御内書は通常は「とのへ」と宛名書きされることから、写の〈史料4〉が正確ならば「殿」と記されることも異例な厚礼だった。この感状は、『原本信長記』によると、翌日の二十五日に信長のもとに届いたと記されており、筆者の太田牛一は、「前代未聞の御面目であり、筆舌《ひつぜつ》（書詞）に尽くしがたい（前代未聞の御面目、重畳書詞に尽くしがたい）」と述べている。

　これら信長への褒賞について、従来は以下のように考えられてきた。信長が斯波家に縁のある役職等を継ぐということは、信長の本居地である尾張国の守護が斯波家であり、織田家はその家臣で守護代だったことから、織田家が臣下の家から主家を継ぎ、幕府の最高位の役職である管領・副将軍に昇りつめるという、信長の権威の上昇の側面から理解され、積極的に評価されていた。一方で近年では、管領はこれ以前から設置されていないため形骸化しており、五ヶ国の宛行についてもすでに守護が補

足利家家紋　二つ引両筋紋

織田家家紋　木瓜

足利家家紋　桐紋

織田家家紋　揚羽蝶紋

任されていることから、現実性がなくリップサービスにすぎないとの消極的な評価がなされている（天野二〇一六）。また、信長はこれらをいずれも断って、代わりに堺・草津・大津を直轄地とすることを求めたことから、虚名よりも実利を重んじて選択したと考えられている。このうち桐紋の使用については、家格が足利将軍家に准ずる地位となり、信長はその後も桐紋を使用していることから、とくに重要視されている。

　しかしいずれにしても、これらは信長の側からの一面的な見解であるといえる。義昭の側から義昭の真意を汲み取り、「幕府の再興」という観点から考慮する必要性があるだろう。すなわち、斯波家はもともと畠山・細川家の三管領家の中でも義昭が「三職の随一」と述べているとおり、筆頭格の家柄で、斯波家だけは畿内に基盤がなく義昭に近侍していなかったことから、義昭は信長に斯波家の家督と管領職を継ぐことを求めたと考えられる。信長は出自の関係からも、まさに適格者であった。ほかの三管領家のうち、畠山家には高屋城主の高政を河内の半国守護に任じ、子の三郎には義昭の偏諱をあたえて「昭高《あきたか》」とし、信長の妹を嫁して三好長慶が晩年を過ごした河内飯盛城主としている（『足利季世記』）。また、細川家の嫡子六郎信良には義昭の偏諱をあたえて「昭元」とし、家督が代々官した「右京大夫《うきょうのだいぶ》」と摂津の地を与えて、義昭の養女と婚姻させている。そのため、二家を厚遇しているといえる（『兼見卿記』元亀二年十二月十七日条）。

以上の点を考慮すると、信長への斯波家の家督継承と管領就任の要請は、斯波・畠山・細川の三管領家を再興させることになり、幕府を旧来の体制に再建することになるといえる。したがって、義昭には将軍を頂点にして三管領家を再興させ、畿内近国に守護を補任することによって勢力下に置いて将軍の支配する領域である「天下」を形成し、将軍—管領—守護による幕府体制の再建を目指す明確な意志があったと考えられる。

諸国の大名・国衆の再編と政権構想

さらに、義昭には将軍のもとに全国の諸大名・国衆を再編する意図があり、義昭の政権構想は『永《えい》禄六年諸役人附《ろくろくねんしょやくにんづき》』（以下、『諸役人附』）に表されていることが明らかにされている。この『諸役人附』には、「御伴衆」から始まり、以下「御伴衆次第」「足軽衆」「奈良御伴衆」「御小者」と義昭の側近衆が記され、次いで「諸大名御相伴衆」と「外様衆」として、諸国の大名が足利一門の旧守護家・畿内近国・東国・東海・九州・西国の順に、さらに小規模の領主が西国から東国の順に記されている。

信長は、永禄十三年正月二十三日付けで二十一ヶ国におよぶ諸国の大名・国司・国衆・諸侍衆に対して、「禁中御修理、武家御用、その外、天下いよいよ静謐のために来たる中旬参洛すべく候の条、各々上洛ありて御礼申し上げられ、馳走肝要に候」との「触状」を発給して、「禁中御修理」と「武家御用」その他「天下 弥《いよいよ》 静謐」のために上洛して、将軍義昭に「御礼」を申し上げることを求めている（『二条宴乗記《にじょうえんじょうき》』『信文』二一〇号）。ここでは、畿内近国の大名・国衆を中心として、東方は武田信玄・徳川家康、北方は越中の神保《じんぼ》氏、西方は備前の浦上《うらがみ》氏・出雲の尼子《あまご》氏にまで通達された。従来、このことは信長が義昭の命を借りて諸国の大名等に上洛を促したとして、「義昭傀儡化」を表す一つとされ、これに越前の朝倉義景が応じなかったことから、義景を攻める大義名分に利用したとされてきた。

しかし、これも義昭の政権構想に基づいた幕府の再興という観点から捉え直す必要性がある。義昭は、将軍御所を元の幕府所在地だった二条勘解由小路室町の「武衛」に再建していることからも、旧来の幕府を再興させる明確な意図があったと考えられる。本来の幕府は、将軍のもとに諸国の大名が在京して供奉参集する場所だったことから、信長の「触状」は、『諸役人附』を実現化させるために実際に義昭のもとへ武家が上洛し、「御礼」して祗候することを要請した事例といえる。戦国期以前の将軍は、「二十一屋形」と称される在京大名によって支えられていた。そのため、このときに二十一ヶ国におよぶ大名・国衆などへ上洛が要請されたのは、旧来の「二十一屋形」を再興させることを目的としていた可能性も想定される。

そして、それを実現させるためにも、義昭と信長は豊後大友氏と安芸毛利氏の豊芸講和や、甲斐武田氏と越後上杉氏の甲越講和などの大名間和平調停を推進した。諸大名等が上洛するためには、「分国」の「静謐」が必須の条件である。実際に薩摩の島津氏は、合戦のために上洛することができない

国	『二条宴乗日記』中の表記	「諸大名」名前	国衆・諸侍
伊勢	北畠大納言殿	北畠具教	〈同北伊勢諸侍中〉
三河・遠江	徳川三河守殿	徳川家康	〈同三河・遠江諸侍中〉
飛騨	姉少路中納言殿	三木良頼	〈同飛騨国衆〉
但馬	山名殿父子	山名詔煕・氏政	〈同□国衆〉
河内	畠山殿	畠山昭高	〈同□衆〉
河内	遊佐河内守	遊佐信教	
河内	三好左京大夫殿	三好義継	
大和	松永山城守	松永久秀	〈同和州諸侍衆〉
大和	同（松永）右衛門佐	松永久通	
和泉	松浦孫五郎〈同〉	不明	
和泉			和泉国衆
播磨	別□	別所長治	〈同播磨国衆〉
播磨	同（別所）孫左衛門	別所重棟か	〈□国□衆〉
丹波	丹波国悉		
丹後	一色左京大夫殿	一色義道	〈同丹後国衆〉
若狭	武田孫犬丸	武田元明	〈同若狭国衆〉
近江	京極殿	京極高吉・浅井長政	〈同浅井備前〉
	同口（尼ヵ）子	不明	
	同七佐々木	不明	
近江	同木村源五父子	木村高重・高次	
近江			同□（江ヵ）州南諸侍衆
紀伊			紀伊国衆
越中	越中神保名代	神保長職か	
能登	能州名代		
甲斐	甲州名代		
淡路	淡州名代		
因幡	因州武田名代		
備前	備前衆名代		
摂津	池田	池田勝正か	
摂津	伊丹	伊丹忠親	
摂津	塩河	塩川長満	
摂津	有右馬	有馬則頼か	

表1　二十一ヶ国「諸大名」「国衆」一覧表

と述べている（『薩《さっ》藩《ぱん》旧《きゅう》記《き》雑《ざつ》録《ろく》』）。そのため、義昭は和平調停を推進することによって、それを実現化させたうえで上洛させ、将軍へ供奉させることを図っていたと考えられる。信長も義昭と「分国」の大名との外交権を共有して（永禄十三年正月二十三日付け「五ヶ条条書」『信文』二〇九号、後掲〔史料8〕の第一ヶ条）、その「静謐」を実現化させる役割を担っていた。外交権と「静謐」の実現化は、密接に関わっていたのである。

近年、本来の幕府は将軍と大名のゆるやかな連合によって成り立っており、将軍と大名は協調と共存関係にあって、信長もこれを志向していたとして、信長の領国拡大の「野望」はなかったことが指摘されている（山田二〇一一・神田二〇一四）。したがって、信長は義景を討つために将軍権威を利用したのではなく、信長もこの「触状」によって、「天下静謐」のために、「諸侍御主」である将軍のもとに大名が供奉参集する本来の幕府を再興する意図があったと考えられる。

信長は将軍御所造営に際して、自ら積極的に普請の現場に立って作事を指示し監督している（『原本信長記』）。このときには、信長の領国である尾張・美濃・伊勢をはじめとして、近江・三河・伊賀や畿内周辺の山城・摂津・河内・和泉・播磨・丹後・丹波・若狭の十四ヶ国におよぶ武士たちが上洛し（『言継卿記』二月二日条）、「普請の数、人夫数万侍衆自身沙汰、なかなか言慮に及ばざることなり」（『多聞院日記』二月二十八日条）・「諸侍衆自身普請」（『細川両家記』）とあることから、数万人におよぶ「諸侍」が、将軍への忠誠を示すために自らの意思で上洛して普請に参加している。この点からも、上洛戦と同様に将軍権威の一端をうかがい知ることができる。

義昭の政権構想が、実際に具現化した機会がある。「触状」の上洛要請に応じて、元亀元年三月一日に三管領家の斯波家（信長）・畠山昭高・高政をはじめとして、三好義継・畠山播磨守などの守護と大名、大館昭長《あきなが》・晴忠《はるただ》以下の幕府の御供衆・御部屋衆・申次や公家衆が将軍に祇候している（『言継卿記』）。これこそがまさしく、義昭が理想とした幕府体制を実際に具現化した場であるといえる。たしかに、上洛した武家たちを義昭に「披露」するのは信長が務めたと考えられるため、儀礼の場において信長の特殊な立場を誇示することになったであろう。しかし、「御礼」を申し上げる相手が義昭だったことは間違いのないことである。

大名・国衆と幕府体制

では、このような守護・大名を義昭はどのように統制しようとしたのだろうか。畿内の守護については、摂津における三守護の事例として、『細川両家記』に「和田方、伊丹方、池田方、公方様へ召し出だされ、三人間の儀入魂有るべき旨、仰せ出ださるる由に候」とあることから、「入魂《じっこん》」による和宥によって協調することを求めている。さらに、義昭はこれらの守護を婚姻政策によって結び付け、将軍家と姻戚関係を築くことによって、幕府―守護体制をより強固にしようとした。細川昭元には養女を、三好義継には妹を嫁がせており（『言継卿記』永禄十二年三月二十七日条）、大和の筒井順慶には九条家の娘を養女として嫁がせている（『尋憲紀』元亀二年六月十九日条）。

諸国の大名や国衆には、朝廷への官途の執奏・一字を与える偏諱・幕府の役職補任などの栄典授与によって、幕府体制への位置付けを行っている。官途については、安芸の毛利輝元《てるもと》に右衛門督《えもんのかみ》とのちに右馬頭《うまのかみ》（『毛利家文書』三三三号）、石見の吉見正頼《よしみまさより》の出羽守《でわのかみ》（「吉見文書」）、安芸の吉川元春の従四《じゅし》位下《いのげ》・治部少輔《じぶのしょう》（『吉川家譜』）などの執奏を行っている。甲斐の武田信玄からも、子息勝頼《かつより》への官途執奏と一字拝領を求められている（「榊原家所蔵文書」）。また、侍従《じじゅう》となった飛騨の三木自綱《みつきよりつな》が上洛して参内したときには、義昭が朝廷への取り次ぎとして執奏している（『御湯殿上日記』）。

義昭は、これら朝廷への執奏だけではなく、石見三本松津和野の奉公衆吉見氏が断絶した時に正頼父子に相続を認めており（「吉見文書」）、石見の益田元祥《ますだもとなが》を幕府の大外様としていることから（『益田家文書』三六五号）、幕府役職の補任も行っている。このほかにも、信長や細川藤孝・毛利家の惣領に対して足利家の家紋を免許している（『細川家記』『毛利家文書』）。

当該期における家格の意識として、『諸役人附』は大名・国衆以下が家格に基づいて記されていることからも、家格秩序の意識があったのは疑念の余地がないだろう。このような朝廷への官途執奏や、幕府の役職補任・偏諱による一字拝領・家紋の下賜などの栄典授与は、武家の棟梁たる将軍の専権事項であることが明らかにされており、これらの事例から義昭も将軍として執り行っていたことが確認できる。さらに、義昭は起請文によって諸国の大名と主従関係の構築に努めていたことが明らかにされている（水野嶺二〇一三）。

以上の点を踏まえて注目されるのが、永禄十二年十月の信長の美濃帰還問題である。信長は十一日に上洛してからすぐの十七日に、「上意セリアイテ」（『多聞院日記』）美濃へ帰ってしまい、正親町天皇も憂慮して女房奉書を出すなど、朝廷でも騒動となった（「正親町天皇女房奉書案」）。このことについては、時機的にみて、信長による伊勢北畠氏の征討に起因していると考えられている。北畠氏との合戦での講和の背景には義昭による調停があり、それが両者間に齟齬をもたらしたことや、義昭が信長の伊勢平定を快く思わなかったことなどが指摘されている。しかし、これも義昭と大名との関係における、政権構想の枠組みから検討する必要がある。家格についての義昭の意識を踏まえると、信長は自分の実子を北畠家の継嗣としたことから（『原本信長記』）、義昭にとっては武家の家格秩序を乱すことであるため容認し難く、これによって齟齬が生じた可能性が考えられる。

以上のように、義昭には将軍を頂点として、三管領を筆頭に将軍の膝下に諸国の武家が従う本来の将軍―管領―守護による幕府体制を理想として、もともとの幕府所在地に将軍御所を再建して、彼らが将軍のもとに祇候する本来の幕府を再興させる明確な政権構想があった。義昭はこれを実現化させるために大名間和平調停を推進し、「分国」の「静謐」を実現化させたうえで諸大名の上洛供奉を求めた。信長も本来の幕府の再興を目指し、「天下　弥《いよいよ》　静謐」のために、二十一ヶ国におよぶ諸大名・国衆などの上洛を求めた。義昭は、畿内に補任した守護を和宥と婚姻政策によって統制し、諸国の大名・国衆には栄典の授与・起請文による誓約によって、将軍との主従関係と幕府体制の構築・強化に努めた。とくに畿内各国における守護は、四国を本拠地とする三好勢の京都侵攻を阻止するための防波堤となり、京都防御の防衛ラインとして、軍事上重要な役割を担って実際に機能していた。

義昭政権の構成

義昭は、さらに前代からの奉行人などを再度登用して幕府を再興させた。管見の限りでは、約一五〇名の幕臣を確認している。このうち、各将軍の在職期間において活動が認められる幕臣と、名前から義晴・義輝の将軍の一字「晴・輝」を拝領したと考えられる偏諱を手がかりとして振り分けると、義晴の幕臣は十六名、義輝は六十一名であることから二人の幕臣の総数は七十七名となり、実に約半数が前代からの幕臣だった。したがって、以前の政権から人的側面で連続性や継承性があるといえ、義昭は実務に長けた官僚を再度登用して幕府を再興させたのである。

幕府の構成については、永禄十二年正月十四日付け九ヶ条と十六日付けで追加した七ヶ条の全十六ヶ条からなる「幕府殿中掟」によって概要を知ることができる。これは、信長が「殿中（将軍御所）」における規範を定めたもので、義昭が袖判を捺して承認した「掟書」である。義昭政権は、原則としてこの「掟書」に基づいて運営されることになった。

〔史料5〕「仁和寺文書」（『信長文書』一四二号文書）

（義昭）
御袖判

殿中御掟

一、不断に召仕えらるべき輩〈御部屋衆・定詰衆・同朋以下〉、前々の如くたるべき事、
一、公家衆・御供衆・申次、御用次第に参勤あるべき事、
一、惣番衆の面々、祗候あるべき事、
一、各召仕者、御縁へ罷り上ぼる儀、当番衆として罷り下るべき旨堅く申し付け、もし用捨の輩

においては、越度たるべき事、
一、公事篇内奏御停止の事、
一、奉行衆意見を訪ねらるる上は、是非の御沙汰あるべき事、
一、公事の式日を聞こ召されるべし、前々の如くたるべき事、
一、闇中次の当番衆、毎事別人披露有るべからざる事、
一、諸門跡坊官・山門衆徒、医・陰輩以下、猥に祗候有るべからず、
付、御足軽、猿楽召しに随い参るべき事、
永禄十二年正月十四日　弾正（信長）忠判

追加

一、寺社本所領・当知行の地、謂われなく押領の儀、堅く停止の事、
一、請取沙汰停止の事、
一、喧嘩口論の儀停止せられ訖、若し違乱の輩あらば、法度の旨に任せ、御成敗有るべき事、
付、合力人同罪、
一、理不尽に催促を入れる儀、堅く停止の事、
一、直の訴訟停止の事、
一、訴訟の輩これあらば、奉行人をもって言上致すべき事、
一、当知行の地においては、請文の上をもって、御下知なさるべき事、

永禄十二年正月十六日　　　　　　　　　　　弾正忠判

一ヶ条目に、「不断に召仕えらるべき輩」として「御部屋衆・定詰衆・同朋」が記されており、二ヶ条目には「公家衆・御供衆・申次」、三ヶ条目に「番衆」、六ヶ条目には「奉行衆」、九ヶ条目に「御足軽」が記されている。このことから、幕府には彼らが存在していたことを確認できる。

「御部屋衆《おへやしゅう》」は、義昭が将軍御所に在邸しているときに側に仕える者であり、「定詰衆《じょうづめしゅう》」は、詰めの間に交替制によって常時祗候して将軍の身辺を警護する。「同朋衆《どうぼうしゅう》」は、出家の身分で多くは「阿弥《あみ》」号を有し、将軍の身辺に侍して雑談や相談事などの話し相手を務める。「公家衆《くげしゅう》」は、延臣だが将軍にも仕えて、将軍の出陣に際しては従軍する「昵近《じっきん》公家衆」である。「御供衆」は将軍の身近に付き従う側近で、「申次《もうしつぎ》」は来訪者を将軍に取り次ぐ役である。「番衆」は、将軍御所や将軍が出邸する際に警固を務めた。「殿中御掟」に記されているのは、いずれも「殿中」に祗候して将軍に直属する役職である。

義昭が永禄十二年二月二十六日に参内したときには、「今日武家御供衆、細川右馬頭（藤賢）・大館左衛門佐・上野紀伊守、御同朋万阿弥等也、伊勢三郎八歳、幼少の時非御供、只烏帽子にて祗候也、御走衆、安威兵部少輔・真下式部少輔・本郷治部少輔・同大蔵少輔・朽木左兵衛督・後藤治部少輔、御書奉行・御物奉行、松田左衛門大夫・同主計允両人等也」（『言継卿記』）とあることから、多数の幕臣が義昭に供奉していることが確認できる。このほかにも、公家の山科言継が将軍御所に祗候したときなどに、しばしば名前と役職者を確認することができる。

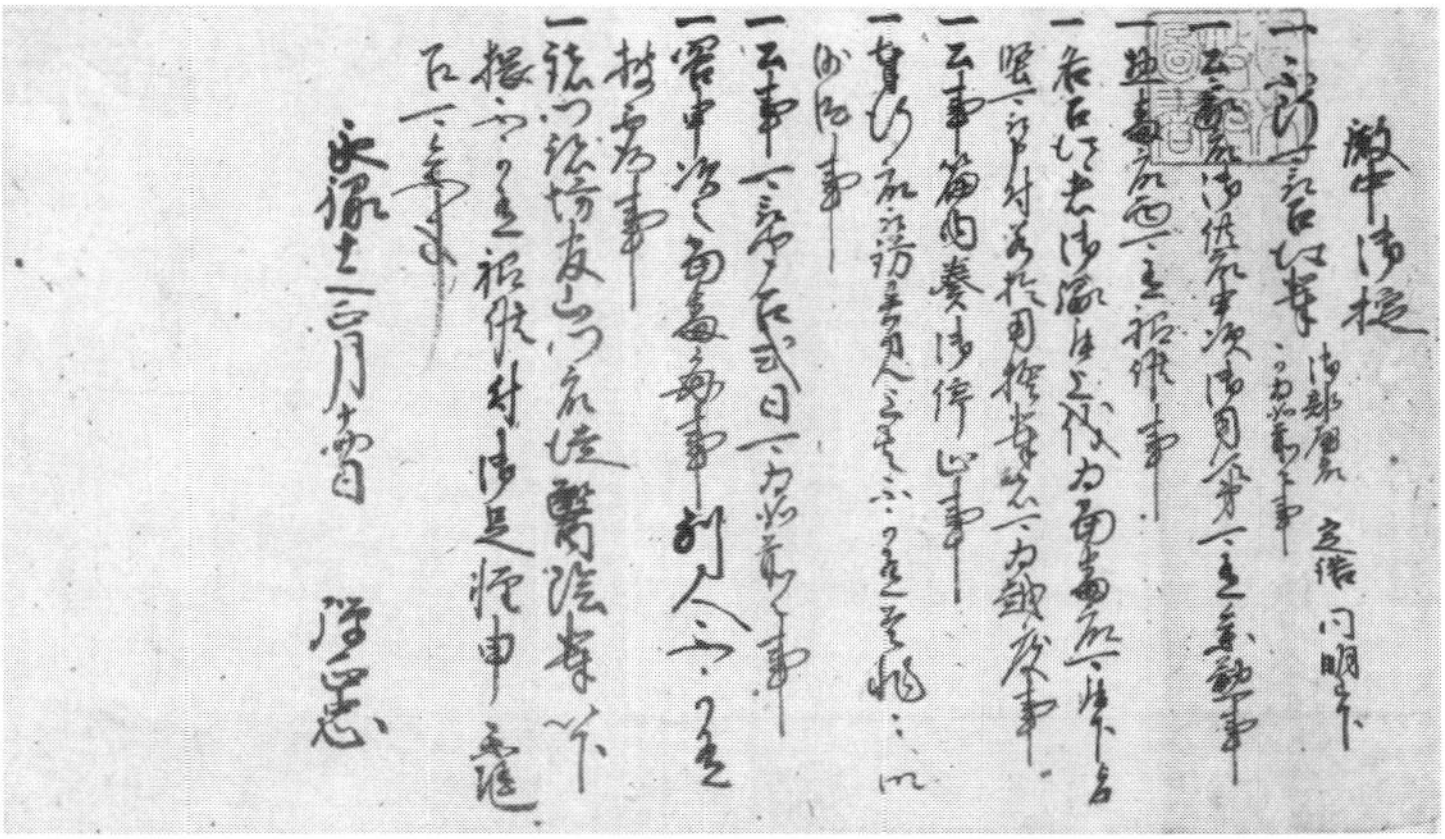

殿中御掟　「蜷川家文書」　国立公文書館蔵　殿中御掟はいくつか写があり、追加の条目は仁和寺文書のみに記される

その他の幕臣の具体的な役職・人名について、まずはとくに政務を担当する重要な「奉行」について確認しておきたい。「奉行」は御物《おもの》奉行・御書《ごしょ》奉行・御会《ごかい》奉行の三種からなり、「奉行衆」には松田頼隆《まつだよりたか》・諏訪《すわ》晴長《はるなが》・飯尾貞遙《いいおさだはる》・諏訪俊郷《としさと》・飯尾為忠《ためただ》・松田秀雄《ひでお》・飯尾盛就《もりなり》・諏訪晴門《はるかど》・飯尾昭連《あきつら》・諏訪晴光《はるみつ》・中澤光俊《なかざわみつとし》・飯尾浄永《じょうえい》の十二名がおり、幕府が正式に公文書として発給する奉行人奉書に加判していた。このうち、為忠・秀雄・晴門・昭連・晴光・浄永は義昭が取り立てた奉行であり、それ以外は義晴・義輝・義栄の幕臣だった。これら幕府の役職は、家による固定的な登用ではなく、義昭の意向によって人員が登用され、配置されていたと考えられている。

ここに参内や法要など幕府の公式行事の際に左右に各三人ずつ計六人が随身する「御走衆」を加えて、これらはいずれも「奉公衆」であるとされている。「奉公衆」には、三淵藤英・一色秋成・一色藤長・細川藤孝・上野信恵・大館昭長・和田惟政・上野秀政・飯川信堅・曽我助乗《そがすけのり》・中澤元綱・真木島昭光《まきしまあきみつ》がおり、彼らは御供衆・御部屋衆だったことから、「奉公衆」は義昭の側近中の側近だった者が任命されていたことが明らかにされている。これら「奉公衆」と「奉行人」がそれぞれ奉書や副状を発給して政治が行われ、義昭政権は運営されていたことから、政権の中枢を担う者たちであった。

義昭政権における政所

幕府の意志決定は、政所頭人（執事）の伊勢氏が主導する「政所沙汰《まんどころさた》」と、将軍が自ら主宰して、奉行人と内談衆《ないだんしゅう》らの合議によって案件が処理される「御前沙汰《ごぜんさた》」の二種類によって行われていた。

幕府において、主として財政と領知に関わる政務を執行した重要な官庁が政所である。政所の頭人（執事）は伊勢氏が務め、執事代は伊勢氏の被官だった蜷川《ながわ》氏が代々世襲していた。第三代将軍義満の頃から、政所は伊勢氏が主導する独裁的な体制となっており、義輝政権における貞孝まで、実に一八〇年にわたって頭人を務めていた。その間には、頭人を佐々木氏や二階堂氏・京極氏などが、執事代は斎藤氏や松田氏などが務めたこともあった。義昭が帰洛した永禄十一年十月段階で当主貞興が若干七歳だったことから、義輝のときから頭人を務めていた摂津晴門が引き続いて頭人となり、元亀二年正月まで政所訴訟関連の文書を発給した。晴門には継嗣がいなかったこともあり、その後は元亀二年十一月に貞興が信長から「政所職」を保証されて、頭人が交代した（「本法寺文書」『信文』三〇六号）。

晴門から貞興への交代の背景には、元亀二年七月の「伊勢神宮禰宜職」をめぐる相論があったと考えられる。これは、伊勢神宮の禰宜が闕職となったことから、後任をめぐって度会貞幸《わたらいさだゆき》・柳原資定《やなぎはらすけさだ》と松木堯彦《まつきたかひこ》・藤波康忠《ふじなみやすただ》が争った相論だった。その過程において、晴門は義昭から「逼塞」（『言継卿記』七月十日条）を命じられている。そのため晴門は、これによって頭人を更迭されて失脚したのである。これまでの研究ではこのことについて触れられておらず、看過されてきた。代わって頭人となった貞興は、義昭が将軍に就任した直後の永禄十一年十月二十二日に参内したときに、義昭に供奉して車寄せに祗候している。この時はまだ七歳で幼少のため御供衆ではなく、後見に伊勢上野介を伴っている（『言継卿記』）。この後に貞興は、天正元年七月の義昭追放による幕府滅亡後は明智光秀の麾下となり、天正十年六月の羽柴秀吉との山崎合戦で、光秀の家臣として戦死している。ちなみに、執事代は義輝の代から引き続いて政所寄人筆頭だった諏訪晴長が務めており、義昭の幕臣としても活動している。

　これらの経緯から、政所における伊勢氏の影響力は次第に弱まり主導体制は終焉し、将軍による「政所沙汰」への介入が可能となり、義昭が影響力を強めていった。そのため、幕府の意志決定は次第に将軍に収斂されていくこととなり、将軍の影響力や意向が強く反映されるようになった。義昭政権においても、義晴期における将軍の側近による集団評議体制の「内談衆」に近い側近集団が存在し、また、「御前沙汰」でのみ発給される「意見状」が確認されていることから、「御前沙汰」が従来どおりに機能していたことが指摘されている。そのため信長は、将軍の恣意性を抑制するために「掟書」を定めたと考えられる。しかし、それは既述の通り将軍の権威を規制するものではなく、従前の幕府機構を再興させて、あくまでも政治の秩序安定を保つための公平性を図った措置であった。

「殿中御掟書」の内容と制定の目的

それでは、あらためてここで、永禄十一年正月十四日・十六日付けで定めた「幕府殿中御掟」（史料5）の内容と制定の目的について考えておきたい。従来、「掟書」は表題に「掟」と記されていることからも、信長が義昭に押し付けたものであり、義昭は信長の強要に屈して、不本意ながら承認したとされてきた。そのためこれは、「義昭政権傀儡化説」の重要な根拠の一つと考えられてきた。それでは内容を確認して、はたして信長による強要だったのかを検討しておきたい。

内容は、以下のようにまとめることができる。①〔公事式目の規定〕七ヶ条目で、公事が行われる式日を従前の幕府の式日に定めている。②〔訴訟手続き〕追加の六ヶ条目では訴訟案件を幕府に提訴する場合には奉行衆をもって言上し、奉行人を経ない内奏《ないそう》は禁止している（五ヶ条）。また、五ヶ条目と追加の五ヶ条目では将軍への直接の奏上を禁止している。そのため、それ以外の幕臣は、③〔御殿祇候の制限〕以前からのとおり、御部屋衆・定詰衆・同朋衆等の将軍に不断に召し仕える輩（一ヶ条）や、惣番衆（三ヶ条）以外は御殿に上がってはならない（四ヶ条）。たとえ公家衆・御供衆であっても（二ヶ条）、諸門跡の坊官・山門衆徒・医者・陰陽師たちも御殿に祇候してはならない（九ヶ条）。請け取りの沙汰は停止し（追加二ヶ条）、催促をしてはならない（追加四ヶ条）。将軍に申次をする当番衆は、毎事別人であること（八ヶ条）。④〔案件処理手続き〕訴訟を裁許する際は、当知行の安堵を行う場合は請文《うけぶみ》に基づいて判定すること（追加七ヶ条）。奉行人の合議による政所の裁決は、義昭が奉行衆へ意見を諮問し、その回答に対して義昭は「是非」を言ってはならない（六ヶ条。義昭は評定衆の決定に従うこと）。⑤〔治安維持〕寺社本所領や当知行地は押領してはならない（追加一ヶ条）。喧嘩・口論は禁止する（追加三ヶ条）。

このように、「掟書」の全十六ヶ条は、内容的に整理すると五つに分類することができる。このうち、③が八ヶ条ともっとも多いが、これは、義昭に近づくことによって個人的に人的関係を密にし癒着することを禁止し、さらに賄賂などを禁止していると捉えることができる。したがって、この「殿中御掟」は、一見すると箇条書きであることから一つ一つが独立しているように思われるが、実際にはそれぞれ密接に関係しており、内容を整序すると幕府における一連の裁許の手続きを規定した「掟書」であるといえる。信長はこれによって義昭の恣意や「贔屓偏頗《ひいきへんぱ》」を排除して、奉行衆が証文に基づいて公平に裁許することを求めたと考えられる。さらに、⑤では治安の維持を求めていることから、信長にとって幕府は、秩序の安定と「天下」における「静謐」をその主宰者として体現すべき存在でなければならず、それを求めていたと考えることができる。

したがって、この「掟書」は義昭の将軍権力に規制を加えたものではなく、義昭と幕臣に幕府における規律と裁許手続きを定めたものだったといえる。そしてそれは、将軍権力の抑制が目的ではなく、義昭の恣意や贔屓を排除して公平な裁許を行うようにして、支配と秩序の安定をもたらすことを目的としたものであった。また、信長の強要だったとする考え方については、双方の約諾だったとする見解が出されている（臼井進一九九五）。

義昭政権における意志決定の過程と機能

つづいて、幕府の議決機関である政所での評議・案件処理手続きの「政所沙汰」を具体的に確認する。安堵を求めたり相論裁許を申請する者は、まず最初に、①取り次ぎ役である申次などの幕臣に依頼して、「請文」と証文となる将軍の花押が据えられた「御判（御内書）」や、将軍が裁可し「下知」を下して奉行人が連署で発給した「御下知（奉行人連署奉書）」などの文書を提出する。次に、②求めや訴えを請けた申次が奉行衆へ「披露」すると、右筆が文書の真偽鑑定を行う。そのうえで、③奉行衆が原告・被告から「三問答」によって双方の主張・意見を聴取して、内容の精査が行われた。その間に、④在地に対して年貢の拘留が指示される。そして、⑤奉行衆が請文や問答の内容、絵図との照合などによって権利関係の確認をし、審議と裁定が行われた。⑥その結果が義昭に上申され、将軍によって最終的な判定が行われる。将軍は、奉行衆による裁定に基づいて裁可し、「下知」を下す。そして、⑦将軍の意志を承けた奉行人が連署で奉書を発給し、幕府の正式な決定として、公文書となる「奉行人連署奉書」が申請者に発給されていた。

義昭政権は、このような従来の幕府と同様に、主として奉行人が将軍の意志を承けた形で発給される奉行人奉書によって政治を行った。当該期は、義昭と信長の二つの権力が並立するいわゆる「二重政権」として、義昭政権は信長の「傀儡政権」と通説的に捉えられてきた。しかし、この一連の幕府の案件処理手続きにおいて、信長の強要や政治的介入は確認できない。したがって、幕府は自らで意志決定を行っていたのであり、義昭政権を信長の「傀儡」とする見解はまったく妥当ではない。

義昭政権の奉行人奉書は、管見の限り約一五〇点を確認している。その多くの発給範囲は京都を中心とした畿内であり、内容は相論裁許や所領安堵などの土地支配に関するものと、諸役免除などの権益保護に関するものである。幕府が権力基盤としていた「天下」の中心地である首都「京都」は、商工業が発達した都市であったことから、座や商工業者が多く、それぞれに応じて関銭《せきせん》や塩公事銭《しおくじせん》・商売安堵・鍬鋤《すきくわ》課税・地子銭《じしせん》などの諸公事が課されていた。また、幕府から免除を請ける際にも、礼銭や礼物が幕府に対して納入されていた。

さらに義昭は、摂津・丹波・若狭・美作などの畿内近国をはじめ、越中や加賀・安芸・肥後・周防などの遠隔地においても、毛利氏や相良氏などの現地を支配する大名や権門寺院の本願寺に対して、御料所に関する文書を発給している（『長防風土記』『相良家文書』「勧修寺文書」）。諸公事に関する文書と併せて、財政基盤の整備を行っていた。

このような幕府の公文書である奉行人連署奉書とは別に、「奉公衆」も、無年号で「〇〇殿」の宛書と「恐々謹言」の書止文言が記される折紙形式の文書を発給しており、所領安堵・違乱停止・権益保護や、義昭の諸大名への和平に関する和与状の副状発給などを行っていた。「奉公衆」は、本来は将軍直臣の軍事担当者だが、朝廷・公家・権門から、義昭の側近として、影響力の行使を期待して取り次ぎを依頼されていた。その場合は役割分担がされていたようであり、大名への副状発給は、安芸の毛利・吉川・小早川氏は上野信恵・一色藤長ら、豊後大友氏は一色藤長・細川藤孝ら、甲斐武田氏は一色昭秀など、担当が決まっていたと考えられている（川元奈々二〇一〇）。

このように、義昭政権は奉公衆・奉行人などの人員を、前代からの幕臣を多く登用して再編し、主として奉行人奉書を発給して政権を運営し、幕府の財政基盤を確立することによって幕府を再興させた。さらに、義昭は大名間の和平交渉を実現化させており、禅宗寺院の住持権を任命する公帖も発給していたため、儀礼的な側面も含めて将軍としての実権を掌握した。しかし、これらいずれの意志決定過程においても、信長が強要するような政治的介入は認められないことから、義昭政権は信長の「傀儡政権」ではなかったのである。

かつて三好権力は、将軍権力を強める義輝を弑殺することによって幕府の実権掌握を目論んだ。そして、幕府権力を後ろ盾として、「武家御押領」によって公家や寺社等の所領を違乱した。しかし、信長はその逆で、自らは「分国」の領主として本国の美濃へ帰国し、むしろ「殿中御掟」を定めることによって、「天下」において幕府が公正で安定的な支配を行うことを求めた。三好権力と信長との本質的な違いはここにあり、信長は実権の簒奪や幕府を「傀儡化」することは意図していなかったのである。

第五章　義昭政権の軍事力

本圀寺合戦と守護・奉公衆

本来、征夷大将軍は武家の棟梁として軍事を総覧する大権があることから、義昭は軍事権を掌握したはずである。これまで義昭の軍事力については、守護・奉公衆が幕府軍となっていたとする見解があるものの、軍事は上洛時より信長に依存していたと認識されてきた。そのため、軍事力を持たない義昭が強大な軍事力を有する信長に屈したとして、これによって権力関係が自ずと規定され、「義昭政権傀儡化説」の一つの要因となってきた。本章では、義昭政権の軍事力について具体的に検討する。

ここではまず、上洛当初に起こった本圀寺合戦について検討したい。義昭は永禄十二年正月五日に、御座所としていた京都本圀寺を三好三人衆方の勢力によって襲撃された。この三好勢の蜂起は、従来は信長が美濃へ帰ったところを攻撃したと考えられている（『愛知県史』）。しかし、信長は前年十月二十六日に京都を離れて美濃に帰国していることから、この下洛を見計らって、それから二ヶ月余り経った後に蜂起したとは考えにくい。

そこで、この前後の畿内の情勢を確認すると、大和の松永久秀が十二月二十四日に美濃へ下向している。そのため、実際にはこの時機を見計らっての蜂起であるといえる。久秀の下向は、おそらく

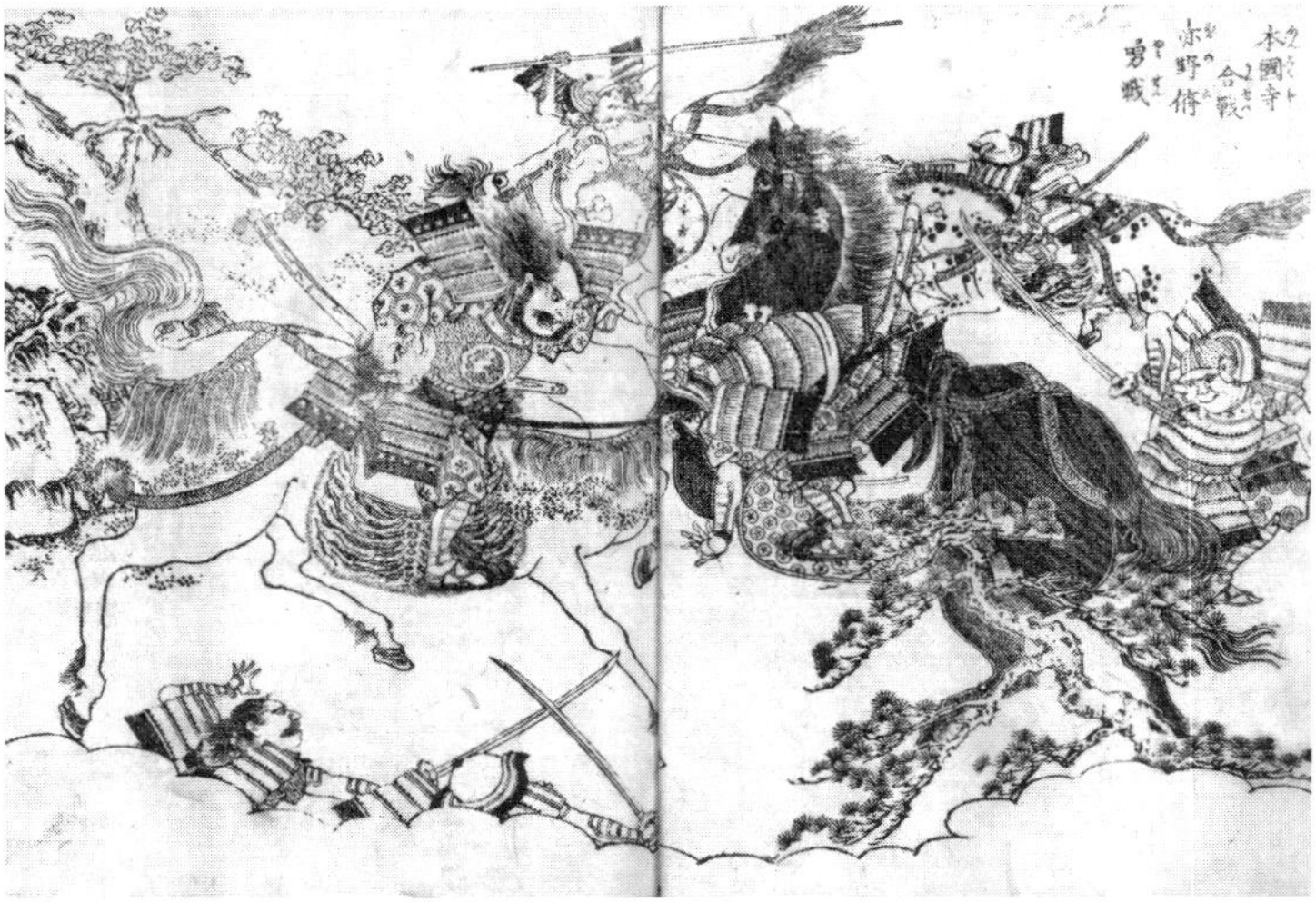

『絵本豊臣勲功記』に描かれた本圀寺合戦　当社蔵

は信長への年末・年始の御礼のためであったと考えられる。三好勢は久秀が大和から離れた直後の二十八日に蜂起して、三好義継・久秀方の池田丹後守が守将を務めていた和泉の家原《いえはら》城を攻めて（『細川両家記』）、義昭の居る本圀寺を包囲している。このことからも、久秀の留守を突いた蜂起であったことは明らかである。その背景としては、義昭の上洛以前から三好三人衆は義継・久秀と対立していたことから、その留守に義継・久秀が支持する義昭を包囲するに至ったといえる。よって、本圀寺合戦は三好三人衆と信長との合戦ではなく、三好政権の分裂に端を発する三人衆・阿波三好家と久秀・義継・義昭との抗争だった。

　三好勢の襲撃に対して、義昭は義継・池田勝正・伊丹親興の守護と奉公衆による幕府軍を指揮して敵勢を撃退することに成功する。信長が急遽美濃から単騎早駆けで義昭を救援するために上洛したときには、三好勢が敗退した後だった。義昭はこのときの様子を、「上意御馬を寄せられ、御自身切懸られ候」（『上杉家文書』五四一号）と述べていることから、軍勢を指揮して自ら切り懸かって応戦した。それにより敵勢を撃退することに成功し、「入洛已後、当城に至り逆徒等馳せ上るといえども、一戦に及び、悉く討ち果たし、いよいよ天下本意に属す」（『吉川家文書』八一号）と、敵勢を討ち果たしたことによって「天下」はさらに「本意」に属したと述べている。これは、自らの武威を示す喧伝の性格が強いとしても、信長に頼ることなく、将軍として自らが率いた軍勢によって合戦に勝利することができたことは、義昭にとって大きな自信となったであろうことは想像に難くない。

また、このときには信長に続いて久秀も上洛し、さらに信長の領国である尾張・美濃・伊勢以外の近江・若狭・丹波・摂津・河内・山城・和泉などから、総勢八万人におよぶ「諸侍」たちが、上洛戦・二条御所造営と同様に将軍への忠誠を示すために上洛した（『言継卿記』永禄十二年正月十二日条）。

播磨征圧・摂津池田氏の内訌と守護・奉公衆の軍事動員

それでは、これ以降における幕府軍の軍事行動について検討したい。義昭は、永禄十二年十月に守護軍を派兵して播磨征伐を行っている。同月十一日に信長が上京して「セリアイテ」、にわかに帰国した後の二十六日に、「伊丹衆、池田衆、和田伊賀守三人を、御所様より、赤松野州（上野介）へ合力として、播州へ加勢仰せ出だされ候て、陣立にて浦上内蔵介城を攻め落とす、則皆々打ち帰さるる也、城主討死なり」（『細川両家記』）とあることから、義昭は伊丹・池田・和田の摂津三守護の兵力を

浅井長政画像　東京大学史料編纂所蔵模本

播磨へ派遣して、浦上を討ち取っている。さらに、『重編応仁記』には「是において山名故入道宗全の嫡流は、但州に断絶す」とあることから、この合戦によって山名氏を没落させており、義昭は摂津三守護の軍勢による軍事行動によって戦果を挙げていることが確認できる。

幕府の直轄軍である奉公衆の軍事力については、摂津池田氏の内訌を事例として検討する。以下、『言継卿記』によると、元亀元年六月十九日に池田家の二十一人衆が三好長逸・石成友通に通じたことから、惣領の勝正は池田豊後守《ぶんごのかみ》と同周防《すおうの》守《かみ》を謀殺して、小姓・小者のみを従えて刀禰《とね》山から河内の三好義継のもとへ逃れるという内訌が起こった。池田同名衆は「一味同心」して蜂起し、四国三好勢と細川信良が連繫して蜂起した。これに対して義昭は、上野秀政・細川藤孝・一色紀伊守《きいのかみ》と、信長家臣の織田三郎五郎による総勢二千人の軍勢を編成して征圧に向かわせた。そして、さらに三十日に奉公衆を援軍として摂津へ向かわせて、七月六日に三好勢を撃退した。

奉公衆は、「元亀の争乱」では京都の一乗寺《いちじょうじ》・修学寺《しゅうがくじ》周辺で放火活動を行う越前朝倉・近江浅井連合軍を撃退し（『言継卿記』元亀元年十月二十日条）、一揆が御牧《みまき》城（京都府久世郡）に立て籠もった際には、細川藤孝・木下秀吉らと宇治まで出陣して撃退させている（『言継卿記』同二十二日条）。

このような守護や奉公衆は、次の史料によって軍事動員されていることが確認できる。

〔史料6〕「武徳編年集成」（『大日本史料』十編之四、元亀元年六月二十日条）

今十八日御動座たるべきの旨、先度仰せ出され候といえども、調略の子細有るにより、来る廿日に御進発候、それ以前参陣肝要の由仰せ出され候、御油断有るべからず候、恐々謹言、

六月十八日　　三人連名（細川藤孝・三淵藤英・一色藤長）

畿内御家人中

元亀元年六月に近江の浅井長政が信長に対して蜂起した際に、義昭は自らの出馬を表明して畿内の幕臣に参陣を命じている。『細川家記』には、近江の守護家である六角氏・京極氏や奉公衆の朽木氏にも出陣を命じていることが記されている。また、同年七月に三好勢が摂津で挙兵した際には、『細川両家記』に「御所様より尾張信長へ注進有ければ、則美濃・尾張・三河三ヶ国を相触れ、上洛有るべき旨御請け申され」とあることから信長に出陣を要請し、さらに次の史料から河内守護の畠山昭高にも出陣要請していることが確認できる。

〔史料7〕「細川文書」（『大日本史料』十編之四、元亀元年八月二日条）

摂州の儀につき、信長近日上洛せしめ候間、和州衆相談、すこぶる相働くべき事肝要候、油断においては、然るべからず候、そのため清水源七郎を差し下し候、この間切々行《てだて》に及ばざる段、沙汰の限り候、幸手寄の儀に候間、紀州・泉州根来寺等へ相催し、火急働き神妙たるべく候、委細は清水申すべく候也、

八月二日　　　　　　　　　　　　（花押）

畠山左衛門督とのへ

この史料から、義昭は昭高に出陣を命じ、さらに隣国の和泉と紀伊の根来衆《ねごろしゅう》などへ軍勢催促していることが確認できる。『言継卿記』によると、信長は出陣要請に応じて美濃・尾張と三河の軍勢を率いて上洛し、二十三日に奉公衆を加えて摂津へ出陣した。三十日には、義昭も自ら二千人の軍勢を率いて出陣している。このときの主な兵力は、信長・昭高・義継・久秀・遊佐信教・奉公衆などであり、三万人にまで及んだとのことである（『言継卿記』八月二十八日条）。

そのため、守護の兵力はさることながら、守護によって軍事動員されたその近隣の兵力も義昭政権を支える軍事力となっており、信長軍も幕府軍を構成する重要な一部隊となっていた。このことから、幕府軍と信長軍は一体となっており、対三好勢との合戦における軍事行動・動員の主体は義昭であり、信長も動員される対象だった。

守護・奉公衆の軍事行動

守護と奉公衆は、このような義昭の軍事動員による出陣だけではなく、敵対勢力に対して単独で軍事行動を起こしている。たとえば、元亀二年六月六日に三好三人衆と義昭から離反した松永久秀が高屋城の畠山昭高を攻めたときには、摂津の和田惟政が援軍として駆け付けて応戦しており（「信貴山文書」）、さらに吹田へ出兵している（『言継卿記』）。また、昭高の居城高屋城は、摂津・河内方面の橋頭堡として京都侵攻の防衛拠点だったことから、同年十一月十四・十五日にも三好三人衆・久秀によって攻められるなど、再三にわたって攻撃されており、そのつど防戦に努めている（『二条宴乗記』）。

一方、奉公衆については、細川藤孝と三淵藤英は居城が勝龍寺《しょうりゅうじ》城と伏見《ふしみ》城（京都府京都市）で山城でも南部にあったことから、隣国の大和や摂津に侵攻するなど、最も多く合戦を行っていることが確認できる。元亀元年十月に三好三人衆の勢力と一揆が連動して山城へ侵攻し、御牧城を陥れた際に、藤孝は和田惟政・一色藤長と共に城を攻めて一揆勢を駆逐している（『細川家記』）。

また、翌年五月一日には「細兵（細川兵部大輔藤孝）、三和（三淵大和守藤英）、そのほか山城に知行有るの衆、悉く普賢寺表に至り出陣」（『元亀二年記』）とあることから、藤孝・藤英兄弟と幕臣は摂津普賢寺（大阪府枚方市）へ出陣しており、八月二日にも出陣して普賢寺《ふげんじ》城を攻めている。一方、藤英は元亀二年七月十二日に山城の光浄院暹慶などと大和に出兵し、二十三日には摂津に出陣するなど各地へ転戦している。藤孝と藤英は、元亀三年四月十六日には、四国三好勢によって攻められた河内の交野《かたの》城へ、織田軍の柴田勝家・佐久間信盛・明智光秀や幕府軍の上野秀政・池田勝正・伊丹親興・和田惟長らと二万におよぶ兵力で畠山昭高の救援に向かい、松永勢が籠もっていたキサイ城を攻めている。

ここで注目されるのが、彼らは元亀以降に軍事行動を活発化させていることである。奉公衆たちは信長との共同戦線で織田軍と共に出陣して実戦を繰り返すことによって、合戦に関する技術を次第に習得し、軍事能力を確実に向上させたと理解することができる。例えば、藤孝は上洛前は将軍に近侍するのみで、軍勢を率いて合戦をしたことはなかった。上洛戦を経て勝龍寺城主となり、自らの軍勢を率いるようになってからは、各方面で数々の合戦を繰り広げ、武将として軍事指揮能力を格段に向上させたといえる。

以上、ここでは義昭の軍事力について考察してきた。義昭は、本圀寺合戦において信長に頼らず自らの軍事指揮による軍隊で敵対勢力を撃退させ、さらには畿内周辺に軍勢動員をかけて数万にもおよぶ軍事動員を可能とし、河内・摂津や備前などへ出兵している。これらのことから、義昭政権は軍事面でも幕府を再興させたと評価できる。義昭は、三好政権分裂後に三好三人衆と敵対して自らの軍門に降った義継・久秀などを守護に補任し、守護と奉公衆による幕府軍によって三人衆・阿波三好家の勢力に対抗する。そして、安芸毛利氏と豊後大友氏の大名間和平調停を促し四国三好勢を牽制し、さらにこれを実現化させたうえで四国攻めを図っている。

義昭と畿内の守護・奉公衆の敵対勢力は、三好三人衆・阿波三好家の四国三好勢であり、それら自らに敵対する勢力を畿内から駆逐することが、義昭にとっての「天下静謐」だった。このように、自ら軍事力を編成して防衛ラインを構築して、「天下静謐」を実現化させたことは、敵対勢力から京都を逐われた前代までの亡命政権と比べて、それ以上に軍事権を回復させたといえる。

しかし、守護家にとっては「天下」の主宰者たる「将軍」義昭に、臣下の「守護」として「君臣」の関係で付き従ったわけではない。畿内には、足利将軍家と阿波三好家との対立軸があり、義輝に従った三好長慶の死後、三好政権は年少の当主義継・久秀と三好三人衆・阿波三好家に分裂したことによって崩壊する。久秀は義昭の上洛以前から信長と連繋していたことから（「柳生文書」『信文』九四号）、三人衆に対抗するために義昭を盟主として奉戴したといえる。義昭と義継・久秀は、三人衆が共通の敵対勢力だったことから互いの利害が一致しており、それによってなされたある種の同盟的な関係であって、絶対的な主従関係ではなかった。

三好三人衆は、後の「元亀の争乱」では、義昭・信長に対抗するために管領家の細川信良《のぶよし》（昭元《あきもと》）を主将に擁立して畿内勢力の結成を図ったり、元亀二年には義継と久秀が河内守護の畠山氏と抗争して再度義昭陣営に敵対するなど、自らの利害に応じて離合集散を繰り返す複雑な様相を呈していた。また、義昭が上洛した当初より従っていた畠山昭高も（史料7）に「この間切々行《てだて》に及ばざる段、沙汰の限りに候」とあり、義昭の命令に反して「行（軍事行動）」に及んでおらず、従っていない様子が確認できる。そのため、守護家は義昭政権を支える軍事力としては脆弱性を持っており、盤石ではなかったといえ、従来の幕府と同様に軍事面で義昭政権の限界性を見い出し得る。

義昭には絶対的な軍事力が必要であり、上洛戦における最大の功労者で、本圀寺合戦のときにも単騎早馬で駆け付けた「御父」信長に大きな期待を寄せることとなる。足利将軍累代の最大の弱点は強力な軍事力を擁していないことにあり、義昭は自らの理想とする幕府と「天下静謐」を実現・維持させるために、その最重要な政治的課題を克服する必要性があったのである。

第六章　織田信長と幕府軍の軍事指揮権

「五ヶ条条書」での「天下之儀」委任――「天下静謐維持権」

これまでの検討により、義昭は①「天下」における支配権と②軍事権、③栄典の授与権を「将軍」の専権事項として掌握し、さらにこのほかにも④大名間の和平調停権、⑤公帖の発給の五点を実効性のある権限として行使していた。では、「天下」において軍事行動を展開する信長と幕府軍はどのような関係だったのだろうか。ここでは、信長と幕府軍との関係を検討する。信長と義昭の関係で最も重要な史料は、永禄十三年正月二十三日付けで締結された「五ヶ条条書」の第四ヶ条目である。全体で五ヶ条からなるこの「条書」は、信長から義昭に提示され、義昭が袖判を捺したことによって承認されている（以下、「五ヶ条条書」は「条書」と、第四ヶ条目は「条文」と略記する）。

〔史料8〕「成簣堂文庫所蔵文書」（『信長文書』第二〇九号文書）

〔黒印〕（印文、義昭宝）

条々

一、諸国へ御内書をもって仰せ出さるる子細有らば、信長に仰せ聞せられ、書状を添え申すべき事、

一、御下知の儀、皆もって御棄破あり、その上御思案なされ、相定めらるべき事、

一、公儀に対し奉り、忠節の輩に、御恩賞・御褒美を加えられたく候といえども、領中等これ無きにおいては、信長分領の内をもっても、上意次第に申し付くべきの事、
一、天下の儀、何様にも信長に任せ置かるるの上は、誰々に寄らず、上意を得るに及ばず、分別次第に成敗をなすべきの事、
一、天下御静謐の条、禁中の儀、毎事御油断有るべからざるの事、
已上
永禄十参
正月廿三日　（朱印）
日乗上人
明智十兵衛尉（光秀）殿

このうちとくに重要なのは四ヶ条目で、ここに「天下の儀、信長に任せ置かるる（天下之儀、被置任信長）」とあることから、従来、この「天下之儀」は将軍が有する権限と理解され、そのすべてが「信長に任された」、すなわち「義昭は天下の政権をすべて信長に委任してしまい」「信長は義昭から将軍の権限を委任された」と解釈されてきた。これによって、信長は将軍と同等の権限を獲得して「将軍の代行」になったと考えられ、信長の「義昭政権傀儡化」を示すもっとも重要な根拠の一つとされてきた。信長は、将軍が有する大名への軍事権の与奪を図って義昭から委任させ、さらにこれと同日に諸国の大名と国衆に上洛を命じていることから、セットで解釈されている。近年では、「禁裏・幕府

正親町天皇画像　「歴代至寶帖」　個人蔵

という古来の権威を操ることによって諸国の大名たちを支配していこうとしたのである」とされ、その目的は①将軍を傀儡化して、幕府の実権を握る、②朝廷の保護者という立場に立つ、③朝廷および幕府の権威を利用して、諸国の大名に対する支配権を掌握することだったと考えられている（谷口克広二〇一四）。

また、信長は越前朝倉氏討伐の意思があり、この上洛要請に従わなかったことから義景を討伐するための大義名分に利用したと理解されてきた（池上裕子二〇一二）。さらに、この後の二月三十日に上洛した際には公家の出迎えをうけており、御所に参内して正親町天皇に拝謁していることから信長の立場が変化しているとして、本来は将軍に属すべき軍事的権限を信長は天皇から与えられ、信長に委任されたのは朝敵を討伐する権限の「天下静謐執行権」であるとする見解も出されている（立花京子二〇〇二）。しかし、義昭が実効性をもって行使していた五点の権限について、信長は「傀儡化」して侵犯していない。そのため、「条書」によって「将軍の権限」すべてを委譲させ、将軍と同等の権限を獲得して代行者となったわけではない。

この条文は、「天下のことは、どのようにも信長に任せ置かれたので、相手が誰であっても、義昭の上意を得ないで、信長の分別次第で成敗する」と解釈できる。義昭が天正元年七月に京都を追放された後の紀伊国由良興国寺《ゆらこうこくじ》寓中に、越後の上杉謙信へ宛てた御内書に、「天下再興の儀頼み入り候、三和（甲斐武田氏・越後上杉氏・大坂本願寺）せしめ上洛においては、諸国輝虎の覚悟に任せるべき事案中に候」（『別本士林證文』）とあることから、上洛が叶って「天下再興」されたら、諸国のことは輝虎の「覚悟」に任せると述べている。そのため、諸国の大名に対して権限を行使することを容認した「覚悟」の文言と、「成敗」と記した「条文」とでは明らかに表現が異なっている。よって、この「条文」からは、信長に「将軍の権限すべて」を委任して「将軍の代行」になったとは読み取れず、「成敗」に関わるきわめて限定なものであったと考えられる。

「天下」については、既述のとおり領域的には京都を含めた畿内周辺を指し、将軍が管掌する領域だったことが明らかにされている。よって、必然的にこの「条文」で信長に任せ置かれたのは「将軍権限」のすべてではなく、〝「天下」において相手が誰であっても義昭の上意を得ないで信長の判断によって「成敗」できる権限〟であると考えられる。この点については、「天下静謐」を詳細に検討された金子拓氏によってもすでに同様の指摘がなされている。金子氏は、「条文」を単独で解釈すると、「天下」を維持する役割が信長に任せ置かれたのであり、信長に委任されたのは軍事指揮権とさらには外交権で、信長の判断で成敗する「天下静謐」を維持する役割だったと指摘した。筆者は、基本的には金子氏の見解と同じ意見である。以下、本書では、信長に委任された「天下静謐」を維持するために「成敗」する権限を、「天下静謐維持権」とする。次に、金子氏の指摘に留意しつつ、信長の畿内方面における軍事行動について、幕府軍との関係を中心に検討する。

若狭武田氏討伐と越前への侵攻

「条書」後に、初めて信長が軍事行動を展開するのは、元亀元年四月二十日の若狭武藤友益《むとうともます》討伐である。信長は、正月二十三日付けで二十一ヶ国の諸大名・国衆などに上洛を要請してから、その一ヶ月後の二月三十日に上洛し、武藤氏討伐に出陣した。これについては、東京大学史料編纂所が刊行した『大日本史料』(第十編之四)の稿文に、「信長、朝倉義景ヲ討タントス、是日、京都ヲ発シテ、若狭ニ下ル」とあり、近年の研究でも、従来の定説どおりに越前朝倉氏を討伐するための名目で、信長の「しかけた」戦争だったと理解されている。また、信長の出陣は正月の上洛命令から三ヶ月後で、相撲《すまい》見学などをしながら時間をかけて上洛していることから、この間にどの大名が自分に味方するか、あるいは敵方に与するのかの動向を把握するためだったとされている。さらに、信長は公武への朔日参賀に合わせて上洛し、その様子は義昭と遜色がなかったことから、信長の位置と威勢を示すための壮大な儀式だったと考えられている(橋本政宣一九八二)。

しかし、ここで看過してならないのは、信長は義昭の将軍邸である二条御所の竣工後に出陣している点である。二条御所は、本圀寺合戦後の永禄十二年二月二日から築造され、この年の四月十四日に落成した。祝言として舞の興行が行われ、義昭から信長へ褒賞として官位が進められた。若狭への出陣はその直後であることから、本圀寺合戦の失敗を踏まえ、三好三人衆・阿波三好勢の襲来に備えて、二条御所の完成を待ってからの出陣であったと考えるのが妥当だろう。信長は、守護と奉公衆による幕府軍を率いて若狭へ出陣していることから、義昭の警固と京都防衛が手薄になってしまう。そのため、若狭出陣と二条御所の完成は密接に関わっていたのである。

信長と義昭は、完成した将軍御所へ諸国の大名・国衆などが上洛して、将軍のもとに供奉する本来の幕府を再興することを政治的目標としており、実際に上洛を要請したと考えられる。そのため、上洛要請に従わなかった朝倉義景討伐の名目だったとする点についても、それはこの後の展開を知る後世の結果論であって、妥当ではない。実際に、このときに義景は上洛を要請されておらず、信長が毛利元就に宛てた朱印状に、「若狭の国端に武藤と申す者、悪逆を企てるの間、成敗致すべきの旨、上意として仰せ出だされるの間、去四月廿日に出馬し候」（『毛利家文書』『信文』二四五号）とある。『言継卿記』四月二十日条には「松永山城守（久秀）罷り立ち、摂州池田筑後守（勝正）人数三千計りこれ有り、公家飛鳥井中将（雅教）、日野（輝資）等立たれ了《おわ》んぬ」とあることから、信長は義昭の「上意」に基づいて、大和の久秀・摂津守護の勝正と、本来は将軍に供奉する武家昵近公家衆を含めた幕府軍を率いて、若狭の武藤を「成敗」するために出陣していることが確認できる。

信長は出陣に際して参内し、天皇に「出陣御暇乞い」をする。朝廷は三月二十八日に御所の内侍《ないし》所《どころ》で千度祓いと石清水八幡宮で法楽の戦勝祈願を行っていることから（『言継卿記』）、信長は「公儀」の軍隊として出陣した。したがって、この軍事行動は信長による義景討伐のための出陣ではなく、主体は義昭で、「将軍」の「公儀」の軍隊による武藤「成敗」が目的だったといえる。義昭は「条文」に基づいて、武藤を「成敗」するために信長へ軍事指揮権を委任したのである。さらにその根拠として、近年発見された「三宅家文書」に、次の注目すべき文書が所収されている。

〔史料9〕「三宅家文書」（熊本県立美術館『信長からの手紙』展示図録）

態と啓上せしめ候、よって今日午刻、熊川（若狭）に至り着き仕り候、この表相替えの儀、御座なく候、武田家老中当地まで罷り出候、信長越境迎えのため此の如くに候、越州口并びに北郡（近江）いずれも別条の子細これ無く候、珍説これ在るにおいては、夜中に寄せず申し上げるべく候、これ等の趣き、宜しく御披露に預かるべく候、恐々謹言、

明智十兵衛尉
光秀（花押）

卯月廿日（永禄十三年）
細川（藤孝）兵部太輔殿
飯川（信堅）肥後守殿
曽我（助乗）兵庫頭殿

これは、明智光秀が若狭と近江の国境に位置する熊川《くまがわ》（福井県三方上中郡）まで軍を進め、ここから若狭や越前・近江北郡の形勢を義昭に報告した書状である。手紙の宛所は義昭側近の藤孝・信堅・助乗だが、手紙の慣習として格下の者が上位の貴人に対して直接書状を発給することはない。その場合は、家人などに宛てて手紙を出し、その主人への披露を求める。この場合も、義昭の側近に文書を発給して「上聞に達せらる」とあるように、義昭への披露を求めたものである。よって、実際には義昭宛ての手紙（披露状）となる。これによると光秀は、まだ「越前」朝倉・「北郡」浅井氏に動きはなく、もし何かがあった場合には夜中でも緊急に報告するとしている。そして、若狭守護武田氏の家老は信

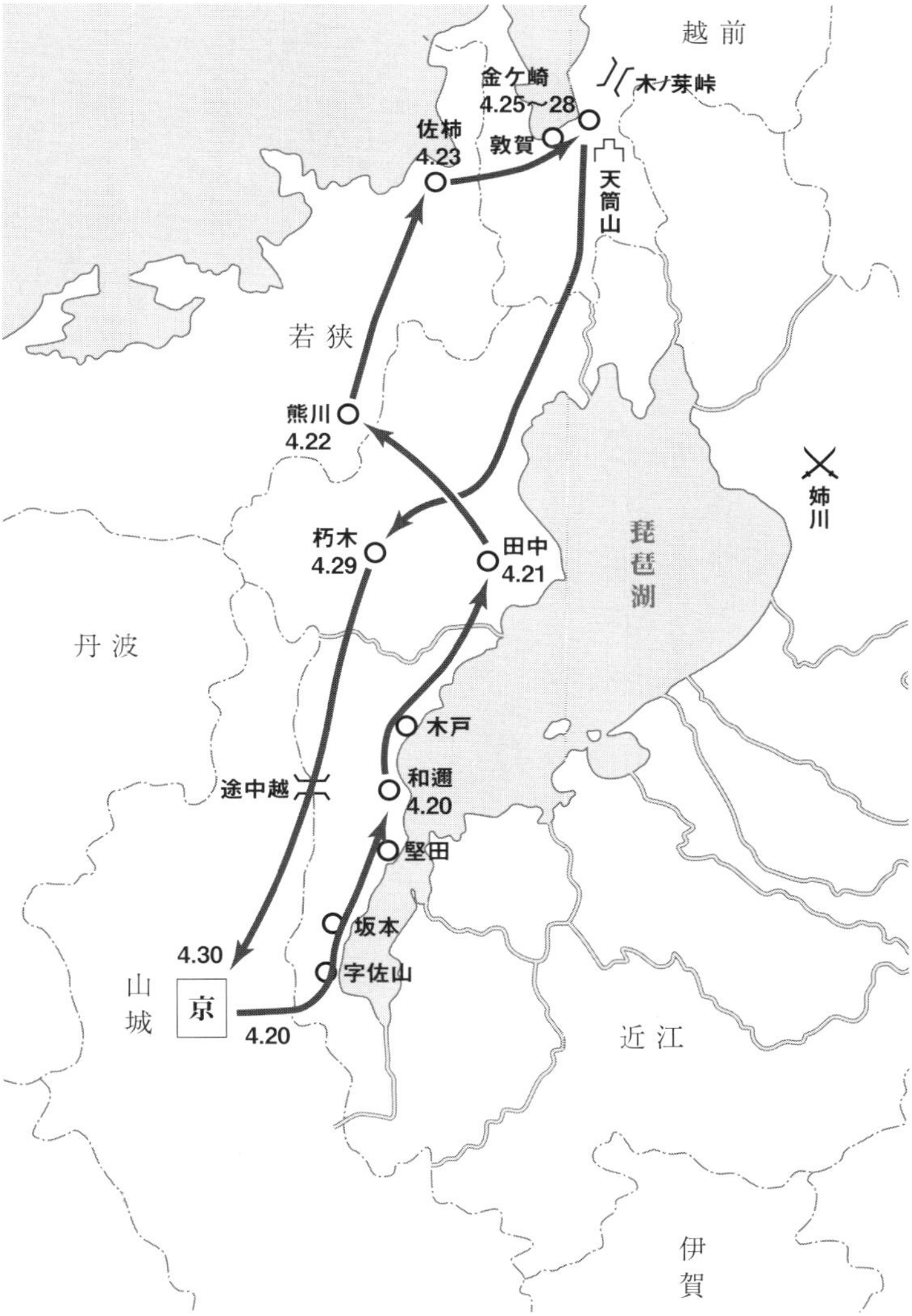
越前
金ケ崎
4.25～28
木ノ芽峠
佐柿
4.23
敦賀
天筒山
若狭
熊川
4.22
姉川
琵琶湖
朽木
4.29
田中
4.21
丹波
木戸
途中越
和邇
4.20
堅田
坂本
4.30
宇佐山
山城
京
4.20
近江
伊賀

図6　若狭侵攻図

長を国境まで出迎えていることが確認できる。
四月二十日に京都から出陣した信長は、琵琶湖の西側を北上して近江国坂本を経て、和邇《わに》に進軍した。翌二十一日には高島郡安曇川田中の海津《かいづ》氏の居城まで進み、二十二日には熊川に至って松宮玄蕃《まつみやげんば》のところで陣を布いた。このときまでに、高浜の逸見《へんみ》氏・西津の内藤《ないとう》氏・鳥羽の香川《かがわ》右衛《え》門大夫《もんのだいぶ》・藤井の山形下野守《やまがたしもつけのかみ》、そして三方の熊谷大膳《くまがいだいぜん》などの若狭国衆が信長のもとに参じた。翌日には、佐柿の粟屋勝久《あわやかつひさ》の居城国吉《くによし》城（福井県三方郡）に入城する。

以上のことから、このときの軍事行動は武田氏の家老や国衆などと歩調を合わせた出陣であり、信長の目的は朝倉・浅井氏の動向を警戒しながらも、武田氏に抵抗する武藤氏討伐だったことは間違いない。戦略を越前侵攻に転換したのは、後述するが、武藤等の若狭の国衆が義景と連繫したことによって挟撃されることになったための結果論だったといえる。

若狭では、これ以前から国衆が武田派と朝倉派に分裂しており、武田家当主の元明《もとあき》が義景に拉致されるなど、支配が安定していなかった。義景は、元明を人質にして熊谷・粟屋氏などに朝倉方へ投降することを促しており、熊谷・粟屋氏は根強く抵抗している。越前下向後の元服前の義昭によって二位の尼に叙された義景の生母（広徳院、光徳院）は、武田氏の出身だった。そのため、義景と武田氏とは姻戚関係にあった。その一方で、武田家中は前代の義輝のときから、将軍へ内紛の調停を願い出ることも行っていた。武田氏は、先代の義統が義昭の妹婿のため姻戚関係にあり、上洛前に義昭を庇護したことがあったことからも、義昭とは親しい間柄にあった。

信長との関係においても、信長に与する国衆が存在していた。信長は若狭国衆「三十六人衆」に対して、先代の義統と同様に、元明に対しても忠節を尽くすことを求め、所領安堵の朱印状を遣わしている（『豊臣秀吉等連署状』『信文』三三二号）。また、若狭国衆で幕府奉公衆の本郷信富《ほんごうのぶとみ》は、信長から所領を安堵されている（「本郷文書」『信文』一六二号）。さらに、信長が義昭に差し出した「異見十七ヶ条」（『尋憲記』元亀四年二月二十二日条、『信文』三四〇号）には、粟屋孫八郎の若狭安賀《あが》荘代官職に関する訴訟を、信長が幕府へ取り次いでいることが記されている。よって、これらのことから、武田家中に信長に与する者がいたことが確認できる。

朝倉義景画像　福井市・心月寺蔵　福井市立郷土歴史博物館寄託

武藤の「悪逆」を看過しておけば、若狭の国衆が朝倉方に属する可能性があった。武藤氏は「武藤ごとき」「小者」と評価されているが、問題は「小者」の「成敗」だけにとどまらず、武藤攻略は若狭一国規模の形勢を左右する局地戦だったのである。実際に、『言継卿記』には、この後の十月二十二日に「若州武田五郎（元実《もとざね》）、武藤（友益）、粟屋右京亮等敵になり、ガラガラ城を責め落とす」とあり、義昭に背いていることが確認できる。

なお付言すると、義景の蜂起については、武藤氏が信長

金ヶ崎城跡　福井県敦賀市

を挟撃するために義景へ後詰めを要請したのが主たる要因と考えられるが、義景は上洛前の義昭を二年にわたって庇護し、「管領代」として元服の加冠役を務めたにも関わらず、実際には永禄十三年正月二十三日付けの上洛要請で召集されていない。そのため義景は、義昭政権の「二十一屋形」構想の枠組みから外されたことに対して反発した軍事的示威行動だったとも考えられる。

　これに対して、信長は政策を朝倉氏討伐に転換して、二十五日に関峠を越えて越前国敦賀郡に進軍する。信長は天筒山《てづつやま》城を攻めて落城させてから、義景の従兄弟にあたる朝倉景恒《かげつね》が拠る金ヶ崎《かねがさき》城を攻撃した。天筒山では千三百七十の頸を討ち取ったとあり（『原本信長記』）、安芸の毛利輝元にも数百人を討ち捕らえたと報らせている（『毛利家文書』『信文』二四五号）。これは、周囲に大勝を喧伝することによって、朝倉勢を牽制する目的があったと考えられる。実際に、義景も自ら出馬したが、浅水《あそうず》まで進軍したところで一乗谷に撤退し、朝倉景鏡《かげあきら》も府中まで来たが、そこから先へは進まなかった。

　また、ここで信長と同盟関係にあった近江の妹婿浅井長政が、朝倉方に寝返り信長から離反して蜂起する。このことを信長がなかなか信じなかったことについて、従来は信長の慢心・油断と理解されてきた。しかし、信長からすると、若狭武藤征伐に長政が叛意するのは道理のないことであり、本心から理解できなかったものと考えられる。

以上により、義昭は前代の義輝のときから続いていた武田家中における分裂を収拾するために、信長へ「条文」に基づき軍事指揮権を委任して、幕府軍を派兵したことは明白であろう。この合戦では、近江の長政と六角承禎が蜂起したことにより、信長はいわゆる「金ヶ崎の退き口《の》」によって四月二十八日に撤退する。このとき、信長を逃がすために幕府軍の池田勝正が殿《しんがり》を務め、若狭からは幕府奉公衆の沼田弥太郎《ぬまたやたろう》と、近江からは朽木元綱《くつきもとつな》が引導していることが確認できる（『継芥記』『寛永諸家系図伝』）。若狭計略において、義昭と信長は一体となっていた。また、この敗戦による将軍権威の失墜回復を図ったのが、次に述べる姉川合戦だったと考えられる。

姉川合戦と幕府軍の軍事権

若狭での敗戦の直後、信長は軍勢を立て直して再起をかける。そして、信長・徳川家康の連合軍と義景・長政連合軍との間で、元亀元年六月二十八日に近江国浅井郡野村・三田村（滋賀県長浜市）を流れる姉川で戦われたのが、著名な「姉川の合戦」である。この合戦は、従来の定説では越前・近江侵略による国盗りの「信長の野望」に基づいた義景・長政との戦争と考えられている。では、義昭との関係からあらためて考えてみたい。

義昭は、「金ヶ崎の退き口」による敗戦後に、信長を補完するため六月十八日に自らの出馬を表明し（〔史料6〕）、さらに畿内の幕臣や江南の勢力に軍事動員をかけている。信長はこの合戦での軍事動員に際して、美濃の遠藤胤俊《えんどうたねとし》・慶隆《よしたか》に、次の「天下布武」朱印状によって出陣を命じている。

〔史料10〕「武藤文書」（『信長文書』第二三三号文書）

尚もって人数の事、分在よりも一廉奔走簡要に候、次に鉄炮の事、塙九郎左衛門尉（直政）・丹羽五郎左衛門尉（長秀）かたより申すべく候、別して馳走専用候、

江州北郡に至りて相働くべく候、来月廿八日以前に各岐阜迄打ち寄すべく候、今度の儀、天下のため、信長のため、旁もってこの時に候間、人数の事は老若を選ばず、出陣においては、忠節祝着たるべく候、働きによりて訴訟の儀、相叶うべきの状、件の如し、

信長（朱印）

五月廿五日

遠藤新右衛門尉（胤俊）殿

遠藤新六郎（慶隆）殿

ここで信長は、遠藤氏に対して「天下のため、信長のため」に、所領の分限に応じた軍役以上にいっそう奔走し、領内から老若を問わず、できるだけの軍勢を集めるように命じている。語義として「天下」は、畿内周辺といった領域的な概念のみならず、「将軍」そのものを指すことがある。ここでは、「天下のため、信長のため」と並記されていることから、出馬を表明する「将軍」義昭と信長のために出陣して、「忠節」を尽くすことを求めて軍勢催促しているといえる。信長がこれほどまでに老若に限らず必死に軍勢を招集している史料は、管見の限りでは〔史料10・11〕とほかに一例しかない。そこ

で、『大日本史料』『信長文書』で元亀三年に比定されている次の文書を併せて検討する。

〔史料11〕「願泉寺文書」（『信長文書』第三二八号文書）

来る七月七日、郷（江）北小谷表に至って相働らき候、即刻（時）を違えず老若を撰ばず、打ち立つべく候、仍って取出（砦）を相構え候間、鋤・鍬以下を持たしむべく候、其のために廻文を指し遣わし候、果たして朝倉・浅井と一戦に及ぶべく候、時節を見合わせて伐り懸け討ち果たすべく候、仍って件の如し、

元亀三

七月朔日　　信長

松永弾正殿

郷南

国衆中

この文書は「元亀三」の年号が記されているため、元亀三年のものとされてきた。しかし、元亀三年七月の段階で信長と久秀は敵対していることから、敵である久秀に信長が軍勢催促しているのはありえない。信長と久秀が友好関係にあって、かつ信長が七月に朝倉・浅井勢と交戦しているのは、元亀元年のことである。信長は姉川合戦の後に、六月二十八日付けで細川藤孝に宛てて、「横山に楯籠もり候（者脱ヵ）共、種々佗言を申し候へ共、討ち果たすべき覚悟に候、今明日の間たるべく候」（「津田文書」『信文』二四一号）と、浅井勢が立て籠もる横山《よこやま》城（滋賀県長浜市）を一両日中に攻めることを知らせている。〔史料11〕は、老若を限らず兵力を召集している〔史料10〕と内容的に合致すること

から、信長は浅井攻めのために久秀に軍事動員したと考えられる。そのため、この史料は元亀元年に比定できる。これは写しのため書写する際に加筆されたか、あるいは受給者が書き込む際に誤記したなどの、後筆の可能性が高いと考えられる。

さて、話を本題に戻すと、信長は朝倉・浅井氏との交戦の発端となった若狭の武田元明に対しても、「御動座たるべく旨に候」と、義昭の「御動座」を知らせて参陣することを要請している（「尊経閣文庫文書」『信文』二三四号）。結果として、この合戦で義昭は出馬しなかったが、戦後に信長が義昭へ戦勝を報告した書状では、「誠に天下のために大慶これに過ぎず候」（「津田文書」『信文』二四一号）とあり、合戦の勝利は「天下」＝義昭にとっても「大慶」であると述べている。

ここで信長が述べている「天下のため」「天下のために大慶」とは、いったい何を意味するのであろうか。端的に結論を言えば、この合戦も本来の主体は義昭で

姉川合戦図屏風　福井県立歴史博物館蔵

あり、さらには「金ヶ崎の退き口」による若狭計略から撤退した敗戦による、将軍権威の失墜を回復するための合戦だったと考えられる。そのため、武士たちの士気を上げるためにも義昭は自らの出馬を表明し、信長にとってはこの合戦で義景・長政に二度敗戦することは絶対に許されず、まさに負けられない、必ず勝たなければならない合戦だった。そのため信長は、老若を限らず兵力となる人員には鋤・鍬の農具を武器として持たせて、必死になって軍勢を召集し、必勝の覚悟を持って合戦に臨んだのである。

よって姉川の合戦は、領国拡大の「野望」をもって義景・長政打倒を目論んで信長が「しかけた」合戦ではなく、義昭に敵対して「天下静謐」を乱す勢力を「成敗」して、将軍権威の威信をかけた「天下のため」の合戦だったといえる。ここでも義昭と信長は、朝倉・浅井討伐に際して一体となっていた。

ちなみに、合戦の呼称は徳川方の史料による後世の通称であって、当時は布陣した土地の名前から、「野村合戦」や「三田村合戦」と呼ばれていた。

信長への「天下静謐維持権」委任の内実

しかし、ここで注意しなければならないのは、信長に委任されたのが軍事に関する全権ではなく、「天下静謐」を維持するために、敵対勢力を「成敗」するための軍勢を統率して指揮する権限にさらに限定されていたと考えられる。この後の元亀三年正月に、三好義継と松永久秀が三好三人衆と結んで、河内の畠山昭高を攻めた。これに対して、信長は家臣の柴田勝家を派兵し、そのうえで義昭側近の飯河信堅と曽我助乗へ次の朱印状を発給している。

〔史料12〕「前田家所蔵実相院及東寺宝菩提院文書」（『信長文書』第三〇八号文書）。

中嶋・高屋表調儀の子細候間、行として柴田修理亮《(勝家)》を差し上らせ候、御出勢の儀仰せ出だされ、各弓《(油)》断なく相働らかるべき事簡要に候、天下のために候間、各々軽々と出陣然るべく存じ候、これ等の旨を上聞に達せらるべく候、恐々謹言、

正月廿一日　　信長（朱印）

飯河肥後守《(信堅)》殿

曽我兵庫頭《(助乗)》殿

ここで信長は、義昭側近に書状を発給して「上聞に達せらる」とあるように、義昭への披露を求め、義昭も「御出勢の儀、仰せ出だ」されて、幕府にも「各軽々と出陣然るべし」と出陣すべきことを進

言して、義昭に幕府軍の出陣を求めている。そのため、義昭に幕府軍の軍勢動員を促し、軍事行動を求めたといえる。義昭からの「副将軍」や「管領」という幕府における上位の役職を辞退した信長は、「御相伴衆」や「御供衆」となった三好長慶や松永久秀と異なって、自らを幕府外に位置付けていた。義昭からは桐紋を下賜されて、足利将軍家に準ずる待遇と「副将軍」・「管領」として処遇されるが、『言継卿記』元亀元年四月一日条には「信長以下外様衆」とあることから、幕府における格式は、実際には「外様衆《とざましゅう》」だった。そのため、守護や奉公衆といった「畿内御家人」に対する軍事動員権は掌握しておらず、動員権は「天下」の主宰者である義昭が保持していたと理解できる。

つまり、義昭から軍事権を委任されたといっても、それは「五ヶ条条書」の第四ヶ条「条文」に記されているとおり、「成敗」に関わることであり、守護や奉公衆とは主従関係にないことから、彼らに対して直接的な軍事動員権は保持していなかったのである。この史料から逆に、幕府軍の動員権は信長にあったとする見解もあり、たしかに信長が義昭へ命じて実質的に幕府軍を動員しているとも解釈できる。しかし、これは義昭に対して幕府軍の動員を命じたものではなく、あくまでも要請だったと考えられる。義昭は信長の要請に応じて、〔史料6〕に記されているような「畿内御家人」に対して軍事動員を命じたのである。よって、軍勢動員を要請したのは信長といえるが、要請をうけて、守護や奉公衆に出陣を命じて軍勢動員するのは義昭であることを看過してはならないであろう。逆説的には、義昭は信長からの要請を拒否して、参陣を命じない選択権を保持していたと考えられる。

信長は畠山昭高を援護するために、勝家と佐久間信盛を派兵し、義昭は池田勝正・伊丹親興・和田

柴田勝家画像　『國史画帖大和櫻』　当社蔵

惟政の摂津三守護と、細川藤孝・三淵藤英・上野秀政・明智光秀といった奉公衆による幕府軍の総勢二万人の連合軍を河内へ派兵している。この合戦で勝家と信盛は戦功を上げており、義昭から褒賞の御内書が発給された（『寸金雑《すんきんざつ》録《ろく》』）。

　また、これとは逆に、信長が幕臣に対して戦功を褒賞した書状を発給している事例が確認できる。元亀元年十月、「元亀の争乱」の「志賀の陣」で、信長は朝倉・浅井軍に備えて近江に在陣しており、摂津では幕府軍が三好三人衆・本願寺と一揆に対峙していた（以下、「摂津の陣」とする）。三好勢は本願寺と協調して四国から兵庫に着岸してから、十月五日に畠山昭高の河内高屋城を攻めた。このときに、摂津守護の伊丹親興は阿波からの三好勢を多数討ち取ったことから、信長から戦功を褒賞する書状が発給されている（「伊藤孝太郎氏所蔵文書」『信文』二五四号）。

　このように、義昭は信長方の部将である勝家と信盛に、信長は幕府方の親興に対して、それぞれが相手方の家臣を褒賞しているため、信長と義昭は軍事面でも相互に補完し合う協調関係にあって、複合的に連合していたといえる。このことからも、幕府軍と信長軍は一体となっており、「天下」のために協同して軍事活動を展開していたのであった。

これまで軍事権は、義昭と信長が協力して共同作戦をしたことから分有しており、機能分担は明確ではなく混在していたとされ、あるいは信長に主体性があったとも指摘されてきた。これまで検討してきたとおり、軍事権を分有して混在する要因としては、義昭が信長に「天下静謐維持権」を委任したことに起因しており、両者は一体となっていたことによる。これこそがまさしく、両政権が連合している「二重政権」の特質であり実態だったといえる。しかし、軍事権は、実際には「畿内御家人」に出陣を命じる動員権と、軍勢を指揮・統率して「成敗」する権限とに分かれていたのである。

「五ヶ条条書」締結の目的——将軍義昭と信長との役割分担

永禄十三年四月、信長が若狭・越前へ出陣している間の四月二十三日に、義昭が年号を「元亀」に改元している。一見、このことは何気ないことであるためこれまで重要視されてこなかったが、実はこのことは、信長が「条書」に込めた意図を反映していると考えられる。

すなわち、信長は永禄十二年正月の「幕府殿中掟」によって幕府の裁許手続きを規定した。さらにそのうえで、翌年正月の「条書」の第五ヶ条目で「天下御静謐の条、禁中の儀、毎時御油断有るべからざるの事」とあることから、義昭に朝廷を保護することを求めている。また、若狭出陣に際して、信長は正親町天皇に「暇乞」のため四月十九日に参内し、その際に「室町殿、禁中御作事御見物なり、御肩衣・袴の体なり、信長に進らされ申す歟、御供なり」（『言継卿記』）とあることから、修築の普請

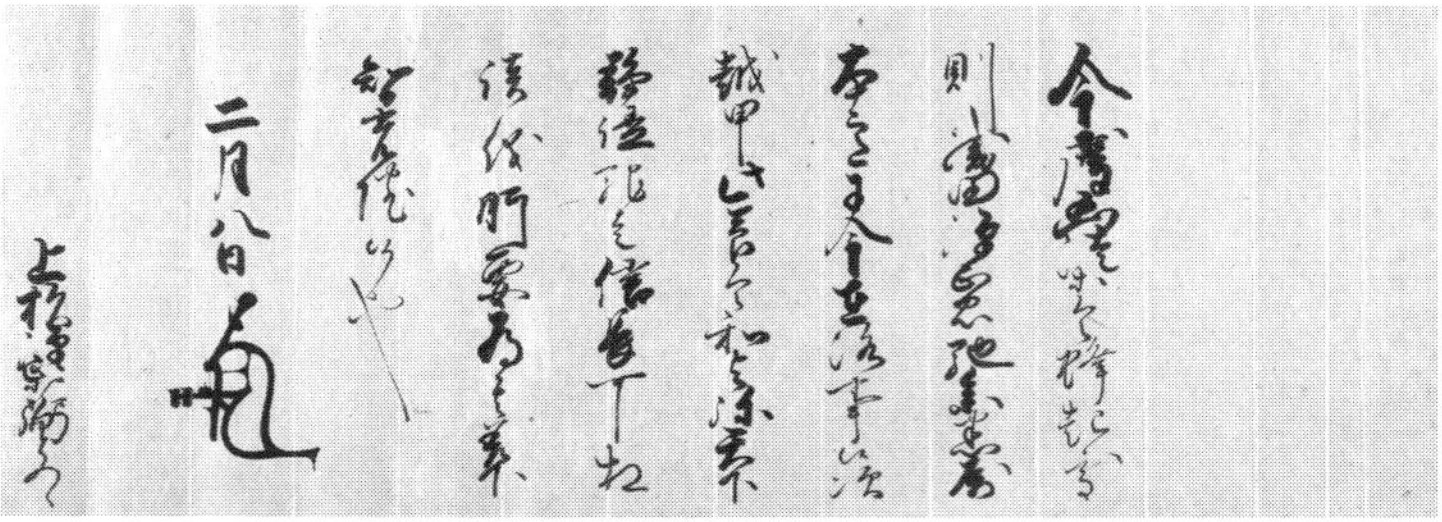
（永禄12年）2月8日付け足利義昭御内書　米沢市上杉博物館蔵

を行っていた天皇の座する御所に義昭を連れて行き、作事の現場を見物させている。これは、出陣後に普請の後事を義昭に託すためだったと考えられる。

さらに、三好義継・松永久秀・篠原長房が蜂起して元亀二年七月二十五日に摂津高槻城を攻めたときには、義昭は二条御所で京都上京・下京町民による舞踊を見物している（『言継卿記』）。城主の和田惟政は、これに対処するため京都から摂津に下向しているため、義昭が知らないはずはない。義昭は、摂津・河内・大和方面で軍事的緊張関係が高まる中でも、「天下静謐」を示すために、「天下」の主宰者として平穏をよそおう責務があったのである。

これらのことから、儀礼的なことと朝廷の保護・京都の治安維持は、「天下」の主宰者たる将軍が司ることであって、軍事行動をともなう「成敗」については信長に任し置かれたので、信長が行うよう軍事指揮権を委任した。このように、信長は政治と軍事の役割分担を志向しており、まさしくこれが「天下布武」の理念の内実を表したものであって、信長の理想とした将軍義昭との関係だったと考えられる。その政治思想が反映されたのが「条書」であり、信長に任されたのは将軍権限のすべてではなく、

「天下静謐」を維持するために敵対勢力を「成敗」する権限、すなわち「天下静謐維持権」だったと考えられる。この権限の委任は、上洛時からの政治的目標だった、「畿内に武を布いて」京都を警固し、「天下」に「静謐」をもたらすという、「天下布武」と「弾正忠」の官途に込められた信長の意志を裏付けるものだったのである。

これによって義昭も、室町将軍歴代の最大の弱点だった軍事力の脆弱性を克服できることから、義昭と信長の思惑は一致しており、「条書」は両者の合意によって取り結ばれた約諾だったと考えられる。これまでの解釈では信長の権力を過大に評価してきたため、「義昭政権傀儡化説」に基づき、「天下之儀」を「将軍権限」のすべてに読み違えてきたといえる。実際に、この「条書」の前年（永禄十二年）二月八日付けで甲斐の武田信玄との講和を求めた越後上杉謙信宛て義昭御内書（『上杉家文書』『信文』一四八号参考）には、「いよいよ天下静謐の馳走、信長と相談すべき儀肝要」とあり、義昭は謙信に対して信玄と和睦して「天下静謐」のことは信長と相談すべきことが肝要であると申し送っている。

また、『細川両家記』によると、「最前四国衆上洛あるべき由有りますの時は、御所方へ信長方参会候て談合の時は、阿州衆出張候て、何れの所へ成るとも、時日を移さず則出合い、一戦にて勝負すべき由候」とあり、四国の三好勢が上洛して攻めてきたときには、信長はどこへも即時に駆け付けて合戦することを約諾している。これらのことから、義昭は「条書」のすでに一年前には、信長へ「天下静謐維持権」を委任していたと考えられる。

以上のことから、「条書」は信長が義昭政権を「傀儡化」するために将軍権限の与奪を図り、「押し付けて」その代行者となったのではなく、双方によって承認された「約諾」だったといえる。若狭武藤氏や三好三人衆・阿波三好勢討伐で見られるように、義昭は信長に出陣を要請して軍事動員し、信長の強大な軍事力と優れた軍事指揮・統率能力を利用して織田軍を「公儀」の軍隊に位置付けるとともに、さらには信長へ幕府軍の軍事指揮権を委任した。軍事において両者は一体化しているが、この体制が「二重政権」として、相互に補完し合った連合政権の特質を軍事面でも表しているといえる。

信長は、永禄十三年正月に義昭から「天下静謐維持権」を委任されたことによって、「誰々に寄らず」に「天下」における「成敗権」を掌握する。これによって信長は、「天下のため、信長のため」に「天下静謐」を維持するため幕府軍と織田軍を指揮して、義昭政権に敵対する勢力と戦闘することになる。結果的に義昭は、元亀四年二月に信長に対して蜂起することとなり、信長は「条文」に基づき「誰々に寄らず」義昭を「成敗」することになった。信長への「天下静謐維持権」の委任は諸刃の剣となり、義昭自身をも討伐される正当性を含んでいたのである。これによって、最終的に義昭は信長によって京都を逐われ、幕府が滅亡することになるのであった。

第七章　「元亀の争乱」における義昭と信長

「元亀の争乱」の展開

永禄十三年正月二十三日付けで締結された「五ヶ条条書」後の「天下」における最大の合戦は、元亀元年から信長と朝倉義景・浅井長政・本願寺・四国三好勢との間で争われた「元亀の争乱」である。この争乱は信長にとって、「信長卿御一代の中の難儀の合戦」（『来迎《らいこう》寺《じ》要書《ようしょ》』）と称されるほどの大きな合戦だった。

「元亀の争乱」は、従来の見解では、永禄十三年正月の「条書」に反発した義昭が各地の諸勢力へ御内書を発給して信長に敵対する勢力を糾合し、信長包囲網を形成したと理解されてきた。また、近年では、信長の勢力拡大に反発して周辺の諸勢力が包囲網を形成したと考えられている。元亀年間の義昭による信長包囲網は、元亀元年に形成された第一次と、元亀四年の第二次に分けられるが、ここでは前者について検討する。この争乱では、義昭と信長は発端から終戦までそれぞれ協同して行動していることから、両者の互恵的関係を考察するうえできわめて重要である。

では、本論に入る前に前提として、争乱の展開を整理しておきたい。事の発端は、先述の①元亀元年四月からの若狭武藤氏討伐に起因する。②これに越前の朝倉義景が蜂起して、近江の浅井長政が同

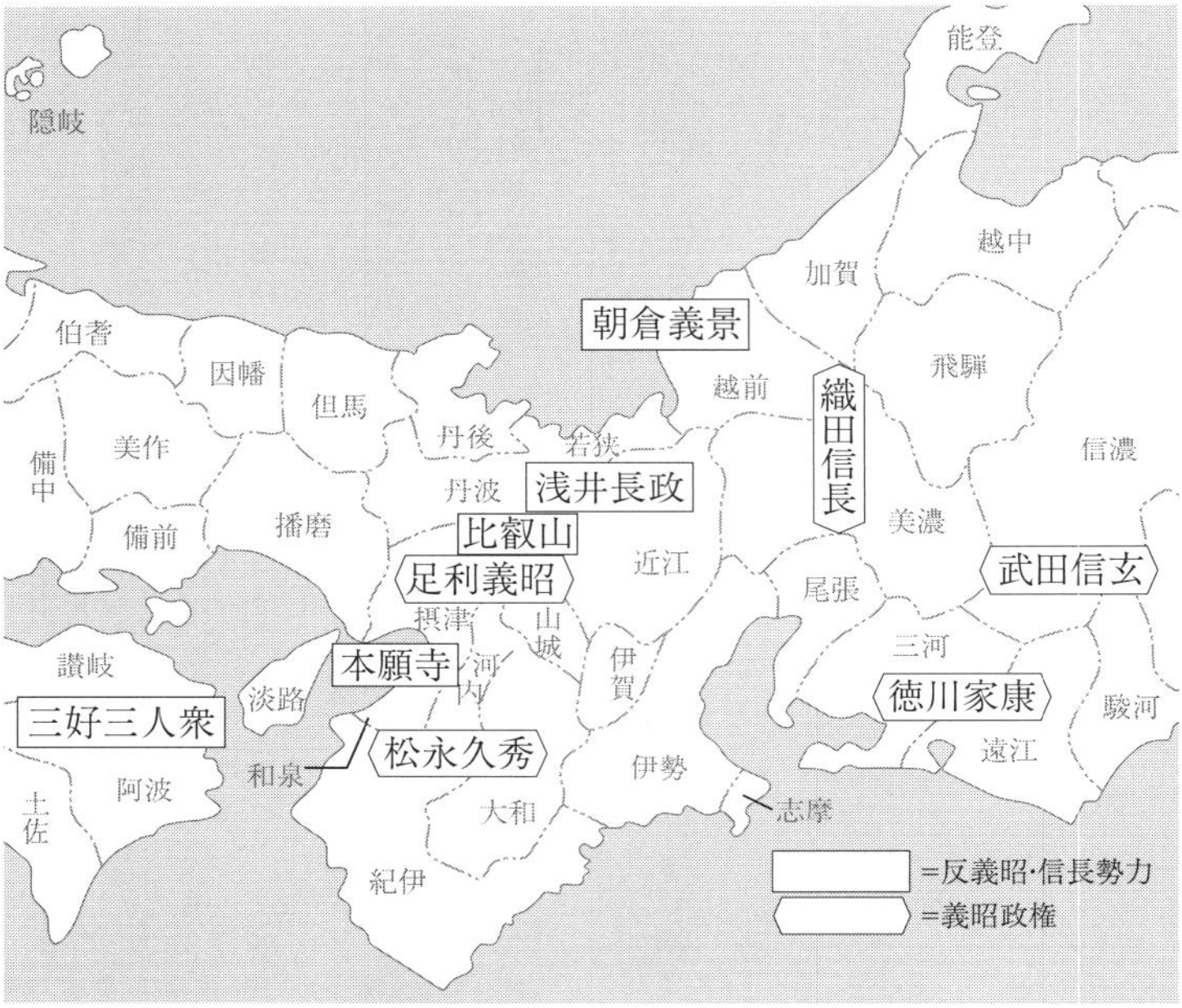

図７　「元亀の争乱」義昭・信長包囲網

調したことから、「金ヶ崎の退き口」による撤退と③「姉川の合戦」へと展開する。④この朝倉・浅井氏の動向をうけて、三好三人衆・阿波三好家の勢力と大坂本願寺が蜂起する。⑤そして朝倉・浅井氏が再度蜂起して、比叡山《ひえいざん》と連繫して近江・山城の国境へ進軍し、京都に侵攻する。さらに、近江・山城で一揆が起こるなど、信長は完全に包囲されることになった。信長は朝倉・浅井に備えて志賀へ出陣して対峙する(「志賀の陣」)。最終的には、年末に近江浅井氏・美濃織田氏・越前朝倉氏との講和「江濃越一和」が取り結ばれたことによって終息する。

①②③については、すでに述べた。ここで重要なのは、④七月からの摂津

における三好勢・本願寺との合戦である（本書では、「摂津の陣」とする）。元亀元年七月二十一日、細川信良と三好勢は摂津で挙兵して、義昭方の野田・福島（大阪府大阪市）を攻めた。これに対して義昭は、前掲〔史料7〕で河内守護の畠山昭高に軍事動員をかけている。ここで義昭は、昭高を介して紀伊国の根来寺衆や和泉国に軍事動員し、信長にも出陣を要請していることが確認できる。よって、そもそもの発端は義昭と三好勢との合戦であり、信長は義昭の軍事動員に応じて出陣したのである。

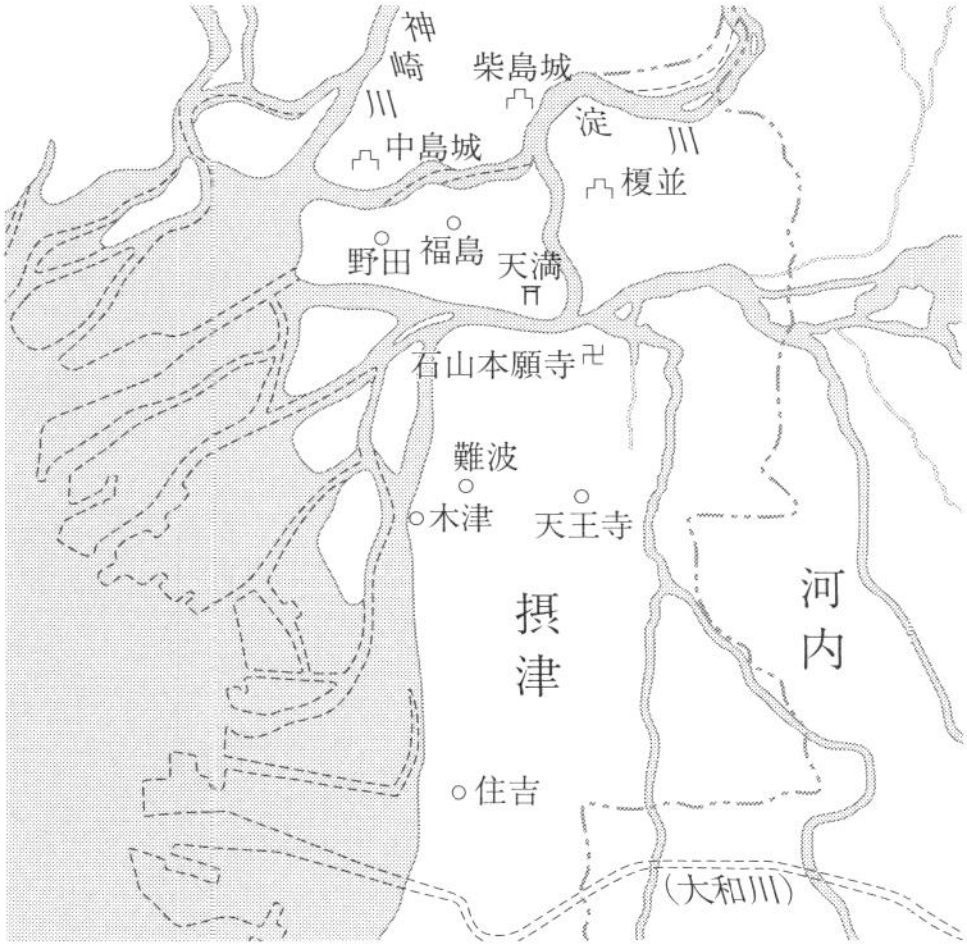

図8　大坂本願寺周辺図

幕府軍は信長をはじめとして、畠山昭高・三好義継・松永久秀・遊佐信教や奉公衆などによる三万人の軍勢で出陣し、義昭も自ら出馬した。『細川両家記』によると、義昭は和田惟長・池田勝正・伊丹親興の守護や茨木《いばらき》佐渡守《さどのかみ》・塩川・有馬・畠山・和泉国衆等の軍勢を糾合して中島・天満森に陣取り、九月二日に細川藤賢《ふじかた》の居城である中島《なかじま》城（大阪府大阪市）に入城する（『足利季世記』）。これによって義昭は、畿内の守護勢力と奉公衆・守護を介した根来衆・和泉国衆による幕府軍と、信長軍による総勢六万の軍勢を率いており（『尋憲記』）、さらには三河の徳川家康にも出兵を促している（「武田文書」）。

この合戦は、「尾張信長と阿波三好方取り合いの事、凡そ日本国三分一勢双方へ軍勢集まる」（『細川両家記』）と言われるほどの、大きな合戦となった。このときの幕府軍については、「邪魔な軍隊」「足手まとい」などと評価されている。しかし、『尋憲記』や『原本信長記』『当代記』などによると、義昭の守護・奉公衆の軍勢は一万五〇〇〇人、これに根来・雑賀衆一万五〇〇〇人が加わり幕府軍は三万人ほどの兵力だった。『足利季世記』『細川両家記』によると、信長軍は美濃・尾張・三河・遠江衆による軍勢で三万人と記されている。そのため、総勢六万人の幕府・信長連合軍のうち半数は幕府軍であるため、守護や畿内近国からこれだけの軍勢を動員しえた義昭の将軍権威を侮ることはできないだろう。実際に、信長軍が近江に移動した後も、幕府軍は摂津に留まり三好・本願寺勢と対峙して京都侵攻を防いでいることから、その軍事力を看過することはできない。

また、このような義昭の出陣については、「戦場に出なければならない理由など見当たらない」として、必要のないものと考えられており、義昭は信長に対して対抗意識を持ち、将軍権威を回復して自分の存在価値を高め、「将軍」としての存在感を見せつけるためだったとされている（谷口二〇一四）。しかし、実際には義昭と敵対した勢力である四国三好勢や朝倉・浅井勢との合戦だったため、義昭自らが出陣する必然性はあったのである。

「御一味」義昭・信長と本願寺との「御義絶」

この合戦に際して、本願寺が義昭から離反して蜂起する。『言継卿記』九月十二日条には、「大坂謀反一揆発」するとある。本願寺側の史料である證念《しょうねん》（下間頼総《しもつまらいそう》）書状写には、「今度当寺（本願寺）に対し、信長謀叛の儀、重々暦（歴）然候、然る間、上意（義昭）かの信長と御一味あり、この方へ御儀（義）絶に及ばれ候」（「勧修寺文書」）とあることから、義昭と信長は「御一味」で一体化していた。本願寺は「近年信長権威により、ここ許へ対し度々難題、今にその煩い止まず候」（「西願寺文書」）のため、信長に敵対したことから、義昭は本願寺と「御義絶」することになった。これに対して本願寺は、加賀四郡の公方御料所と幕臣の知行分を押領して義昭と敵対し、本願寺法主の顕如《けんにょ》は、「大坂より諸国へ悉く一揆起こり候へと申し触れ候由沙汰候」と諸国の門徒に蜂起を促して、檄文《げきぶん》を発して強硬に抵抗する（「明照寺文書」「大谷本願寺文書」「西福寺文書」）。

本願寺の蜂起に対して義昭は、『御湯殿上日記』九月十八日条に「武家より大坂の一揆起こり候はぬよう、仰せ出だされ候へのよし、一位の大納言（烏丸光康《からすまみつやす》）して申さるゝ」とあることから、勅命によって本願寺との講和を図る。そこで、朝廷からは次の勅書が認められて、本願寺との講和のために公家の烏丸光康・柳原敦光《あつみつ》・正親町実彦《おおぎまちさねひこ》と門跡の聖護院道澄が勅使として派遣された。

〔史料13〕『言継卿記』元亀元年九月二十日条

今度大樹天下静謐のため出陣候、信長同前の処、一揆をおこ（起）し、敵対のよし其の聞え候、不相応の事、しかるべからず候、早々干戈を相休め候べき事肝要候、存分候はば、仰せ出だされ候べく候、猶両人に仰せ含め候也、

本願寺僧正とのへ

結果として、大坂までの路次における戦火が激しかったため、勅使が現地まで下向することができず、勅書は届けられなかった。しかし、天皇の命による「勅命講和」だったことから、発給されたこと自体に大変重要な意義がある。この間に義昭は、九月十四日付けで三河の徳川家康にも出陣を要請しており、和戦両様の対策を講じている。ここでは、「この節、家康参陣を遂げ、軍忠抽んずは悦喜すべく候、織田弾正忠無用の通り申す由候へ共、先々約諾の旨に任せ、時日を移さず、著《（着）》陣頼みに思し召し候」（「武田文書」）とあることから、信長は「無用」と反対している様子が確認できる。そのため、家康に対する軍事動員は義昭の裁量によって行われた。家康はこれに応じて、一万五千の兵を率いて近江に出陣している（『尋憲記』十月七日条）。

以上のように、義昭と信長は、「天下静謐」のために敵対勢力である四国三好勢を討伐するために出陣した。これによって本願寺と「御義絶」しても、義昭は「天下静謐」のために信長と「御一味」となり、軍事行動を共にして一体化することを選択する。そのため、信長の軍事力を自らに敵対する勢力を「成敗」するために利用したといえる。このように、「元亀の争乱」はもともとは若狭武藤氏と朝倉・浅井氏、さらに摂津における四国三好勢と義昭との合戦だった。このうち後者の「摂津の陣」は、義昭の軍事動員に信長が応じたことから義昭は本願寺と「御義絶」して敵対することになり、戦端が開かれた合戦だった。「天下静謐維持権」を委任された信長は、義昭と四国三好勢との抗争にいわば〝巻き込まれた〟のである。

「義昭・信長包囲網」の形成

本願寺に呼応して、朝倉・浅井氏が「しからば三人衆堅約の旨に任せて」南近江の坂本まで出兵し、京表の青山・勝軍山《しょうぐんやま》にまで軍を進めて、京都の伏見・鳥羽・山科を放火した（「歴代古案」）。これにより、幕府・信長連合軍は、三好・本願寺勢と朝倉・浅井勢に完全に包囲されて挟撃されることとなった。さらに近江では一揆が蜂起して、朝倉・浅井勢と合わせて三万におよぶ軍勢となり、九月二十日には信長家臣の森可成が討ち取られる劣勢となった（『言継卿記』）。

義昭が摂津に出陣している間、京都の二条御所は「大館晴忠・一色播磨守・三淵藤英・二階堂中務大輔・吉田兼和・楢葉若狭守・矢嶋越中守以下奉公衆十人計りと、同朋衆以下御留守」（『言継卿記』）という状況だった。朝倉・浅井勢は、幕府軍が摂津に出陣して京都の守備が手薄となっていた状況も見計らって蜂起したといえる。そのため義昭と信長は、摂津に畠山・三好・松永・遊佐らの幕府軍を残して京都に帰洛する。そして信長は朝倉・浅井勢に備えるため、あらためて京都から信長軍を率いて近江へ出陣した。義昭・信長の撤退により、「大坂等満足」（『言継卿記』九月二十三日条）とある。信長自らが出陣した後者は「志賀の陣」として著名であるが、前者についてはこれまで着目されてこなかったため名称がない。そこで本書では、既述の通り「摂津の陣」と名付けておきたい。

京都周辺では、朝倉・浅井勢が山城修学寺や一乗寺にまで侵出して所々を放火するが、これを奉公衆が撃退している。そして、西岡や宇治でも一揆が起こったことから幕府は徳政令を出して対処し、かつ奉公衆と織田軍の部将木下秀吉・菅屋《すがや》長頼《ながより》などが協同して鎮圧にあたっている（『言継卿記』十月二十日・二十二日条）。信長家臣の稲葉一鉄《いなばいってつ》は、京都の妙蓮寺《みょうれんじ》へ宛てて一揆に祠堂銭《しどうせん》を渡さないよう通達した書状で、「天下の案否（安）この時に候ところ、かようの猥儀、是非なき題目、無念の至りなり」（「妙蓮寺文書」）と慨嘆している。

一方の「摂津の陣」では、十月一日に本願寺が三好三人衆に同心して摂津中島に着陣して、「茨木の城は、調略をもって合参（降）せしめ候、京都へ討ち立てられ候は、一統に相働くべきの由候」（「三浦講中文書」）とあることから、三好勢を支援するために義昭方の茨木城を調略によって降伏させ、「一統」して京都に攻め入ることを協議している。この動向に対して、信長も三好方を調略によって切り崩しにかかっている。『原本信長記』（巻三）に「三好為三・香西越後守両人は、御身方に参る、調略仕る」とあり、『尋憲記』八月晦日条には「為三・カウサイ・鹽田・ワク・細川惣名殿、この方へ帰参」とあることから、信長は三好政康の弟の為三《いさん》や香西元成《こうざいもとなり》、細川信良などを調略して、味方に寝返らせることに成功している。

信長と本願寺は、それぞれの敵方勢力に対して激しい調略合戦を展開する。ここで義昭は、本願寺との講和と京都における一揆の鎮圧・徳政令の発布・「摂津の陣」の備え、信長は三好勢への調略と「志賀の陣」近江への出兵・近江と京都の一揆の鎮圧と、包囲網を打開するために義昭と信長は相互に補完し合いながら戦略を展開している。

このように、義昭は信長と「御一味」となり、四国三好勢・本願寺と朝倉・浅井勢・一揆によって包囲されたことから、義昭が扇動して信長包囲網を形成したとする見解はまったく妥当ではない。むしろ、義昭も包囲されたのである。以上のことから、「元亀の争乱」は義昭と信長の合戦ではなく、義昭と敵対勢力である若狭武藤氏・越前朝倉氏・近江浅井氏・四国三好勢との「天下静謐」をめぐる抗争で、「分国」の支配者だが「天下静謐維持権」を委任された信長が「巻き込まれた」争乱だった。

講和の交渉と「義昭・信長包囲網」の終結

事態は、十月末から各方面における講和交渉が本格化し、終息に向かって動き始める。交渉は、①本願寺、②近江六角氏、③三好三人衆、④朝倉・浅井、と順次行われていった。①本願寺に対しては、十月晦日に青蓮院門跡尊朝法親王《しょうれんいんもんぜきそんちょうほっしんのう》から顕如に講和が打診され、十一月十三日に顕如が受諾したことによって和議が成立した（「青蓮院文書」『顕如上人御書札案留《けんにょしょうにんごしょさつあんどめ》』）。②近江六角氏は、朝倉・浅井との合戦の最中に挙兵していたが、十一月十一日に和睦が成立している（『言継卿記』）。

③三好三人衆とは、『尋憲記』十一月十二日条に「三人衆と信長と和談の事、城州（松永山城守久秀）扱い候由、沙汰ある通り候也、大坂より三人衆退け、四国衆と信長和談の事を扱い申す由也」とあることから久秀が仲介し、十八日条には「四国衆・三人衆、天下（義昭）・信長と和談に申し聞き候」とあり、和睦が成立したことが記されている。この講和では、堺で久秀と篠原長房がそれぞれ人質を取り交わしている（『尋憲記』十一月二十一日条）。久秀からの人質は、「十一になる広橋腹の子にて候也」とあることから、久秀と公家の広橋国光《くにみつ》の娘である保子《やすこ》との子だった。その子を「信長の養子に候て、四国の三好所へ祝言の由申し候」とあることから、信長の養女にして三好方へ政略結婚さ

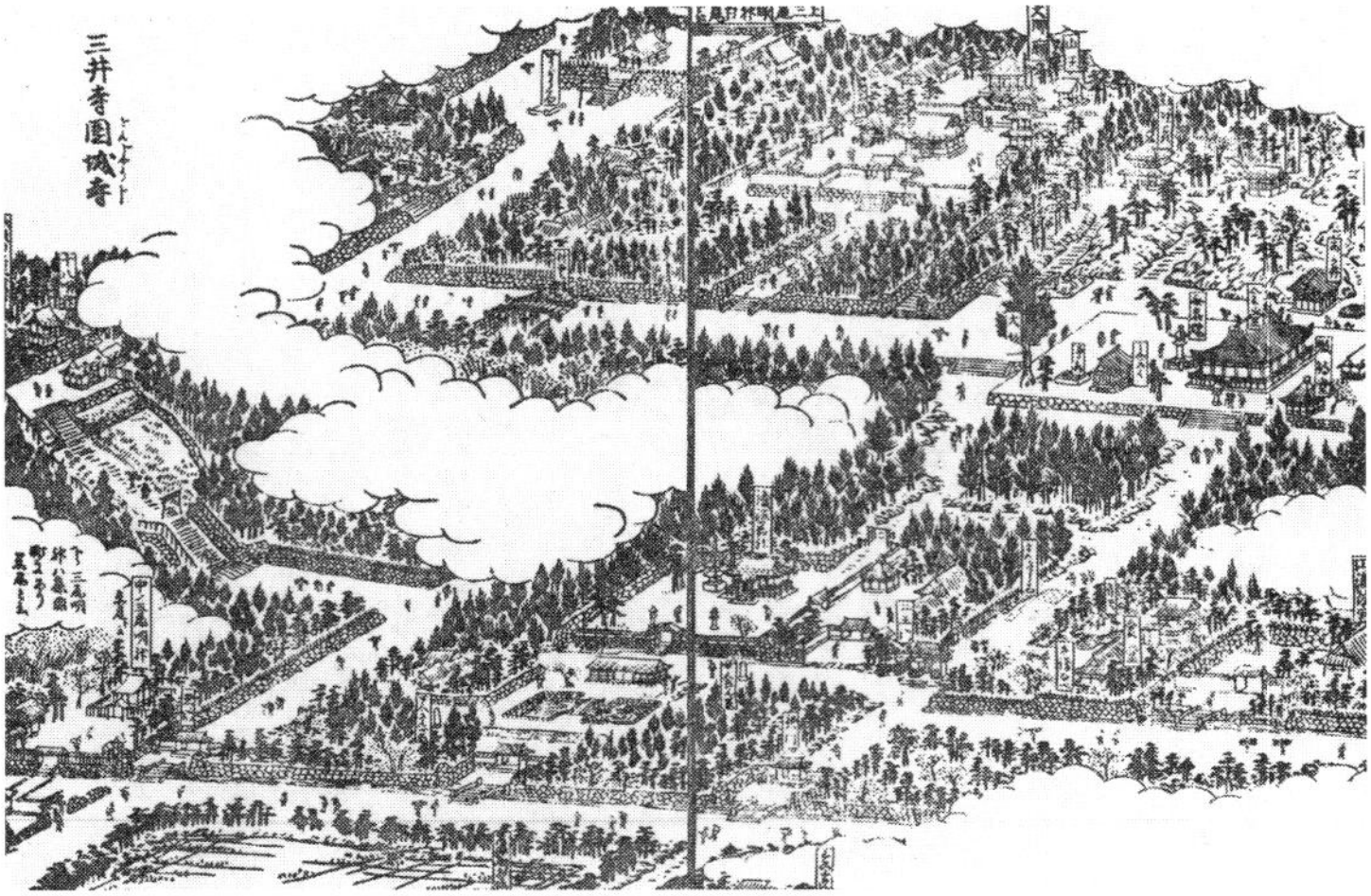

『近江名所図会』に描かれた三井寺　個人蔵

せていることが確認できる。この子は、もとは久秀が上洛戦の際に信長の子息へ「祝言」として、信長に差し出した人質だった（『多聞院日記』永禄十一年九月二十九日条）。いずれにしても、久秀が実子を三好方へ差し出していることから、自らが合戦の当事者として講和を主導した性格が強いといえる。

④朝倉・浅井氏との講和については、「江濃越一和」として検討されてきた。『尋憲記』には、これまであまり触れられていない講和の条件などについても詳細に記されているので、確認しておきたい。この講和では、公家の二条晴良《にじょうはるよし》が十二月十三日に上野秀政を介して義昭に仲裁を提案する。義昭は「似合の御儀候」と提案を受け入れ、「三井寺へ御越し成され候て、万一同心なく候者、高野の御すまいと仰せられ候」とあることから、近江の三井寺へ移り、和議が成立しない場合には、高野山へ隠遁する必死の覚悟をもって臨んだ。

ここで問題なのは、「高野の御すまい」の覚悟を持って交渉を行った講和の主体は、義昭なのか、あるいは「いつれの御曖も、悉二条殿御調えにて候」とあることから晴良なのか、意見が分かれている。しかしこれについては、十二月二十一日付け四手井《しでい》宗武《むねたけ》宛て小木《おぎ》光勝《みつかつ》書状に「先もって洛中静謐事、上意（義昭）三井寺に至る、御家門（晴良）御同道有るべきの由候条、御同心なされ」（『尋憲記』）とあることから、晴良は義昭の付き添いとして下向したことが確認できる。そのため、晴良が交渉を担当したといっても、付き添いの晴良が高野山へ遁世《とんせい》する覚悟をもっていたとは考えがたい。この講和は、大名間における国郡境目相論の和平調停であり、もともとは義昭にとっての「天下静謐」のための合戦だったことから、義昭が主体である可能性は高いと考えられる。そのため「高野の御すまい」は、やはり義昭の意志と考えたほうが自然な解釈のように思われる。

ともあれ、信長と義景は「然らば御意に応ずるべき由、朝倉も信長も申し候て、相調い候由候也」とあることから、「御意」をうけて講和することとなった。この「御意」も講和の主体である義昭で、その意志を踏まえて講和することになったと考えられる。晴良が交渉を担当することになったのには、二つの可能性が考えられる。一つは、義景・長政と信長との抗争は、元は義景と長政が義昭に敵対したことに起因している。後述するが講和に際して義昭は義景に人質を差し出していることからも、信長方の合戦の当事者としてこの講和に臨んでいる側面があった。そのため、第三者として両者の間を朝廷が取り持ったことが考えられる。もう一つは、このときに併行して比叡山との講和交渉が行われていたことである。比叡山は鎮護国家の天皇の祈願所であるため、朝廷が関与することになった可能性が考えられる。山門領については綸旨が発給されて、勅命講和として和睦が成立している。そのため、公家の晴良が交渉に関与する必然性は認められる。そして、講和の成立を二条家「御家門」の成果として、晴良の弟の尋憲が日記に誇示して書き留めたと考えられる。したがって、ここでの晴良の役割を過大に評価するのは慎重でありたい。

ここで、義昭と晴良は両者の主張を聞き、義景は浅井の援軍として進軍したことから信長に遺恨はないと述べる。一方の信長も、義景には遺恨はなく、講和の条件として「是よりこの方は信長存知、是より是は浅井存知と候」と領分を主張していることから、このたびの合戦は浅井との国郡境目相論であることを主張する。ここで近江の国分けと城割りや人質交換など具体的な条件について交渉がなされ、さらには比叡山も交えて交渉が行われて講和が成立することとなった。

山門領については綸旨が発給され、信長からも誓紙が差し出されたことによって決着する。義景は信長に、「公方様に対し奉り、疎略に存ずべからざる事」の文言を記した霊社起請文を差し出している(『尋憲記』十二月二十二日条)。これにより、義景と義昭の主従関係が取り結ばれ、この後における軍事的連繋の端緒になったとする見解がある。なお、ここで重要なのは、信長自身も「自今已後公儀に対し奉り、疎略なきの旨、信長別儀を存じ有るべからず候、八幡御照覧あるべく候、偽り申すに非ず候」(『伏見宮御記録《ふしみのみやごきろく》』『信文』二六四号)と、義昭に対して忠誠を表明していることである。信長と義景は、ともに義昭を支えることを起請文によって誓約したのである。

このように、義景・長政・比叡山と信長の「江濃越一和」は、晴良の提案を義昭が積極的に受け入れ、自らが近江へ下向し、三井寺へ「御動座」して交渉が行われたことによって成立した。「武家よりは三淵大和守（藤英）子一人これを遣わされ候」（『尋憲記』十二月二十二日条）とあることから、義昭は藤英の子を人質として義景に差し出している。これによって、「元亀の争乱」における義昭・信長包囲網は解体されることとなった。義昭は義景へ人質を差し出していることからも、信長側陣営の合戦の当事者として講和交渉に臨み、後半は大名間の国郡境目相論の裁定者として国分け・城割りについて仲裁し、大名間和平調停を実現させている。信長は将軍の威光を背景に、姉川において浅井・朝倉軍と合戦し、義昭による和睦命令は将軍の権威に基づいていたことが指摘されている。

以上、ここでは「元亀の争乱」を中心として、義昭と信長の軍事的関係について考察してきた。従来、この争乱における信長包囲網は、義昭が扇動して形成されたと理解されてきた。しかし実際は、もともと義昭と三好三人衆・阿波三好勢との摂津における抗争に端を発した争乱であり、義昭と信長はここで「御一味」になり、両者は一体となって軍事行動を展開していた。義昭は三好勢を放伐して、「天下静謐」のために本願寺との関係が「御義絶」しても、信長と「御一味」となることを選択しており、信長の軍事力を利用したと考えることができる。義昭と信長は、講和運動についてもそれぞれ分担して交渉していることから、実戦・講和ともに相互補完的にそれぞれ協同していたといえる。「天下静謐」を実現化させるためには、信長の強大な軍事力と優れた軍事の指揮統率能力が必要であり、そのために信長へ「天下静謐維持権」を委任することを承認し、その後は積極的に利用したのだった。

第八章　足利義昭の蜂起と幕府の滅亡

義昭「御逆心」の時期

これまで述べてきたように、元亀三年末までは、義昭と信長は「御一味」となり、一体化して軍事行動を展開していた。しかし元亀四年になると、義昭は信長に「御逆心」（「細川家文書」『信文』三六〇号）して蜂起することになる。従来は、永禄十二年正月の「殿中御掟」と翌年正月の「五ヶ条条書」以来、義昭は将軍権力の伸張を図った結果、信長と対立することになり、元亀二年頃から本願寺・朝倉義景・浅井長政・武田信玄に御内書を送って第二次信長包囲網を形成したとされてきた。また、信長が義昭を叱責した「異見十七ヶ条」（『尋憲記』元亀四年二月二十二日条『信文』三四〇号）は元亀三年九月に比定されて、このことが義昭の蜂起を決定付けたと考えられてきた。

義昭が信長に敵対したのは元亀二年頃からと考えられてきたのには、二つの根拠が存在する。一つは、信玄と松永久秀の連繫を示すとされた、次の史料である。

〔史料14〕「荒尾家文書」（『大日本史料』第十編之六、元亀二年五月十七日条）

珍札披見す、快然に候、来意の如く、今度遠（遠江）・参（三河）へ至り発向す、過半本意に属し候、御心安かるべく候、抑公方様信長に対せられ御遺恨重畳故、御追伐のため、御色立てられるの由候条、この時無二忠功を励まされるべき事肝要候、公儀の御威光をもって、信玄も上洛せしまば、他に異なり申し談ずべく候、よって寒野川弓十三張到来、珍重候、委曲彼口上に与み附し候の間、具に能わず候、恐々謹言、

五月十七日　　　信玄（花押）

岡周防守（国高）殿

この史料は、信玄が岡国高《おかくにたか》に宛てて、遠江・三河に侵攻し、さらに信長に対して蜂起した義昭と連繋して西上することを報らせた書状である。

武田信玄画像　東京大学史料編纂所蔵模本

岡氏は大和国葛下《かつげ》郡の岡城に拠る国人で、松永久秀に属していた。すでに信長の永禄十年における第一次上洛計画のときに、国高の一族と考えられる岡因幡守《いなばのかみ》が協力を要請されている（「岡文書」『信文』八三号）。従来、この史料は『武州文書』所収の五月十二日付け岡周防守宛て小幡信実《おばたのぶざね》書状とともに、『大日本史料』や近年刊行された『戦国遺文武田氏編』でも元亀二年に比定され、義昭は信玄・久秀などと連繋して信長包囲網を形成していたことを示すものとされてきた。

さらに信玄は、義昭へ忠節の意志を示した起請文を差し出し、これに対して義昭は、信玄へ「天下静謐」のた

めの軍事行動を指示した。

〔史料15〕「大槻文書」（『大日本史料』第十編之九、元亀三年五月十三日条）

当家に対し忠節を抽んずべき由、法（宝）印を翻し言上、慥かに聞こし召され訖、寔に無二の覚悟、最っとも感悦に候、然らば親疎なき通り誓詞を進め、その旨を存知、いよいよ忠功肝要、急度行に及び、天下静謐之馳走、油断あるべからざる事専一候、猶一色駿河守（昭秀）申すべく候也、

五月十三日　（花押）

法性院（武田信玄）

右の史料は元亀三年に比定され、信玄はこれに基づいて京都へ向かう西上作戦を展開し、遠江・三河に侵攻を開始したとされてきた。しかし近年、これらの史料は信玄の遠江・三河侵攻に関する軍事行動から、元亀四年に発給された文書であることが明らかにされた（鴨川二〇〇七・柴二〇一〇）。

二つ目は、義昭と信長の決裂を決定付けた「異見十七ヶ条」（『尋憲記』元亀四年二月二十二日条『信文』三四〇号）である。その概要は、信長が義昭に対して先に定めた「条書」に違犯していることを追及し、朝廷への奉仕を怠っていること、信長に無断で諸国の大名へ御内書を遣わしていること、信長に親しい者は女房衆まで辛辣にあたっていること、公平に裁判が行われていないこと、幕臣に恩賞が与えられず、困窮しているために違乱《いらん》が起きていること、それなのに義昭は金銭を過度に蓄えていることなどを十七ヶ条にわたって述べ、「諸事に付いて御欲かましき」「悪御所」と、土民百姓たちまで批判しているとして義昭を糾弾したものである。

この史料には、もともと日付けが記されていない。『年代記抄節』に「九月、武家へ信長より、御異見として、十七箇条一書を進上す、是より御中（仲）悪くなり候」とあることから、『大日本史料』や『信長文書』でも元亀三年九月に発給されたとしている。これによって両者の決裂が決定的となり、義昭は信長に反発して蜂起したとされ、これに信玄が呼応して西上したと考えられてきた。しかし、この「定説」に対して柴裕之氏は、宣教師ルイス・フロイスの書簡に「美濃より公方様に十五ケ条を書送り」（『十六・十七世紀イエズス会日本報告集』）とあることから、信長が美濃にいる元亀三年末に書かれたものであることを指摘した。柴氏は先の「荒尾家文書」と合わせて、義昭の元亀二年からの信長への敵対説を否定し、元亀四年二月十三日の蜂起のときまで義昭は信玄や久秀とは連繋していなかったとした。そのため、信長包囲網は義昭によって形成されたものではないことを明らかにした。

筆者も、この「異見十七ヶ条」は元亀三年の年末に出されたと考えている。その根拠は、『原本信長記』の元亀四年＝天正元年のことを記した「巻六」に「去年十七ヶ条を捧げ御異見の次第」とあることから、その前年すなわち元亀三年のことで、また、後世の史料だが『当代記』に、「この冬、信長十七ケ条の書き付け、義昭へ諌言を遂げられる」とあることから冬のことであり、さらに『細川家記』に「十二月、義昭公、信長より諌書十七ヶ条を呈せられる」とあることから、十二月だったと考えている。そして、義昭が二月十三日に蜂起したことによって、「君臣」（「細川家文書」『信文』三六四号）の間柄で「主君」の義昭と直接対立することになった信長が、自らの正当性を宣伝するために写しを流布させた。それが年明けの『尋憲記』元亀四年二月二十二日条に、「当将軍へ、信長より、十七ケ条一書をもって申し入れ候、一書新持参の条、写し置く也」と書き写されるに至ったと考えている。九月だとすると、なぜ義昭はそれから約五ヶ月後の翌年二月十三日になって蜂起することになったのかと、諸々の史料間の整合性がつかなくなってしまう。また、実際に義昭と信長は、元亀三年十二月の段階まで依然として協調関係にあった。この点について、次に京都支配の実態から具体的に検討する。

元亀三年十二月段階まで協調する義昭と信長

信長は、元亀三年十月七日付けで京都の妙心寺《みょうしんじ》に寺領安堵の朱印状を発給している（「妙心寺文書」『信文』三四二号）。ここには「御下知の旨に任せ」とあることから、義昭の意志に基づいて安堵していることがわかる。そして、信長側近の矢部光佳《やべみつよし》が同日付けで現地の奉行人である村井貞勝《むらいさだかつ》・嶋田秀満《しまだひでみつ》と義昭側近の上野秀政へ副状を発給している。これを承けて、同年十月十八日付けで秀政と秀満・貞勝は、連署によって「御下知・御朱印の旨に任せ」て寺領を安堵している。この三点の文書は妙心寺にまとめて伝来したことから、幕府と信長側から一括して妙心寺に伝達されたと考えられる。仮に「異見十七ヶ条」が元亀三年九月であったとしても、十月の段階で幕府と信長側は対立することなく、依然として協調して京都の支配を行っていたのである。

さらに、幕府と信長側との協調関係は、二ヶ月後の年末にも継続していたことが確認できる。

〔史料16〕「松尾月読社文書」（『大日本史料』第十編之十、元亀三年十二月三日条）

当社領の事、今度上野中務大輔殿（秀政）へ仰せ付けられ候といえども、御代々御判・御下知の旨を申し分け、前々の如く返し付けられ候、然る上は、只今御下知、秀政放状等申し調え進め入り候、既に且納あるといえども、右の證文の旨に任せ、悉く持ち返し申され候条、前々の如く御社納あるべき事、肝要に候、恐々謹言、

元亀三　　　　　　　　　　木下藤吉郎

極月三日　　　　　　　　　　秀吉（花押）

松尾社家神方中

「御代々御判・御下知」とあることから、松尾社は幕府の歴代将軍の「御判」＝御内書と「御下知」＝奉行人連署奉書によって社領を安堵されていた。ところが、ここを義昭が側近の上野秀政に宛行った。これに対して松尾社が異議を申し立て、先の幕府による安堵を論拠として、「当知行《とうちぎょう》」（現実に土地を占有していること）している社領であると、当該地の回復を訴え出た。幕府ではこれを受理して裁許が行われ、結果として松尾社の「当知行」と裁定されて、秀政は十二月朔日付けで放状《はなちじょう》（所領を人に譲与する旨を記した証書）を差し出して領有権を放棄した（「松尾神社文書」）。十二月三日には、飯尾盛就と飯尾浄永の幕府奉行人連署奉書が発給されていることから、幕府の政所において奉行人の評定衆によって裁許された（「松尾神社文書」）。義昭は、この評定衆の「政所沙汰」による裁定を受け入れて秀政への所領宛行を撤回し、秀政に放状を発給させたのである。

この一連の幕府内における裁定の結果が信長側の奉行人である秀吉に通達され、秀吉はこの文書を発給した。なおここでは、秀吉は信長に諮ることなく幕府の裁定をそのまま受け入れて、自らが独自

にそれを保証する文書を発給していることが注目される。この点からも、信長は幕府と協調して京都の支配を行っており、それは元亀三年の十二月まで行われていたことが確認できる。

また、この間の元亀三年八月十三日付けで信玄が本願寺の下間頼充《らいじゅう》に宛てて発給した書状に、「京都より御両使下され、貴寺・信長和睦、信玄中媒尤もの趣、御下知候」(「本願寺文書」)とあり、義昭は本願寺と信長との和睦の仲介を信玄に「御下知」している。これらのことからも、元亀末年においても依然として両者の「御仲は悪く」なく、義昭は信長に敵対していないことは明白である。

義昭蜂起の政治的背景

以上のように、元亀三年の年末まで、幕府と信長は協調して政治を行っていた。義昭が信長に「御逆心」して蜂起するのは、二月二十六日付け勝興寺宛て浅井長政書状に「当月十三日に公方様御色を立てられ」(「勝興寺文書」)とあることから、二月十三日であることは確実である。それでは、なぜ義昭が「御逆心」することになったのかを、①諸勢力との関係、②畿内における守護との関係、③幕府内部の状況、の三点に分けて考えてみたい。

まず、①について従来は、義昭が信長の「異見十七ヶ条」に反発して、朝倉義景・浅井長政・本願寺・武田信玄・松永久秀に御内書を発給して第二次信長包囲網を形成したと考えられてきた。しかし、既述のとおり信長包囲網は義昭によって形成されたのではないことが明らかにされている。さらに、義昭が離反した理由として、三方ヶ原の合戦において信長陣営の徳川家康が信玄に敗北したことから、義昭が久秀方に属したことが指摘されている（柴二〇一六）。では、あらためて諸勢力と義昭との関係について、元亀三年十二月における政治状況を『顕如上人御書札案留』をもとに確認して検討したい。

十二月二十八日付けで本願寺顕如から信玄に発給された書状に、「義景より山門大蔵院をもって申し越されるの趣、密々の儀に候」とあることから、義景から「密々」の内意を汲んだ使者が来たことを伝えている。時期的にみて、連繋に関する機密事項だったとみて間違いないだろう。信玄は顕如に信長領国の尾張・美濃と、隣国で徳川家康の三河・遠江における門徒蜂起を促して、信長勢力圏の扇動を謀っている。これを受けて顕如は、義景に翌年二月六日付け書状で信玄の動向を伝え、少し前に義景が近江から撤退したことを責め、「火急に御出馬肝要候」と、急ぎ出馬することを要請している。

信玄は歩調を合わせてさらに西上し、三河の野田《のだ》城（愛知県新城市）を攻めるに至る。これらの形勢をうけて、義昭は二月十三日に蜂起することとなった。浅井長政はさらに、二月十六日に幕府の伊勢七郎左衛門尉へ書状を出し、義昭への「披露」を求めている（「近衛家文書」）。ここで長政は、東海道筋における信玄の戦果と近江の形勢、義景と出馬について談合していることを告げ、「都鄙の一途、時日を移しあるべからず候」と、「鄙」の信玄・義景・長政と連動して「都」の義昭が「一途」となり、なお一層蜂起することを促している。

義昭の蜂起をうけて長政は、二月二十二日付けで信玄の重臣穴山信君《あなやまのぶただ》に「不日に尾・濃両州へ御発向、偏に待ち奉る迄候、公方様御色を立てられ、御内書成され候間、進献せしめ候」（「土屋文書」）との書状を送り、義昭が蜂起したことを伝えるとともに、信長領国の尾張・美濃へ侵攻して近江に来ること、さらに「志賀郡一篇に此の方の手に属し候、義景急度出馬せらるべくに究まり候、申し談じ、この表の行油断あるべからず候、調略など端多これある儀に候」とあり、近江は調略などもあって浅井勢が征圧しており、義景の出馬が決定していることを伝える。顕如も呼応する形で、信玄に二月二十七日付け書状で「江州西路の事、当門家中慈敬寺の調略をもって本意に属し候」（『顕如上人御書札案』）と、西近江の調略が成功しており、信玄を迎え入れる準備が調っていることを伝えている。

以上の経過をまとめると、本願寺と信玄・義景は連繋しており、信玄の西上をうけて長政が積極的に義昭に働きかけ、その結果として義昭が蜂起することになったといえる。このことは、義昭追放後に信長が毛利輝元・小早川隆景に宛てた書状でも、「甲州の武田・越前の朝倉類を敵となし候、公儀御造意もこの故に候」（『武家事紀』『信文』四〇一号）と述べている。そのため、第二次信長包囲網は本願寺・信玄・義景・長政によって形成され、義昭はそれに呼応したと考えるのが妥当である。

畿内における政治情勢

次に②について、検討する。永禄十一年九月の上洛戦以後、松永久秀が「切り取り次第」として義昭から大和の支配権を認められていた。久秀は義昭政権を後ろ盾として、信長からの助勢を得ながら筒井氏らの国人衆に対して圧力を加え、次第に勢力を強めていった。永禄十一年十一月二十七日には、大和の法隆寺に信長への要脚《ようきゃく》（税金・費用）として堺に送る米の過書《かしょ》を発給しており、同年十二月九日には、信長への「御札銭」を「霜台（松永弾正小弼久秀）請け取られ候」とあることから、久秀が徴収していることが確認できる（「法隆寺文書」）。元亀元年四月の若狭武藤征伐には幕府軍の一軍として出陣し、「元亀の争乱」では実の娘を信長の養女として三好方へ差し出し政略結婚を結んで、三好三人衆・阿波三好家との講和を仲介するなど、義昭政権と連繋していた。ところが、元亀二年六月十九日に三人勢と結んで河内守護の畠山昭高の高屋城を攻め、義昭から離反する軍事行動を起こした。

この理由について天野忠幸氏は、久秀と敵対していた筒井順慶に義昭が六月十一日に娘を嫁がせて姻戚関係を結び、久秀を切り捨てたことによると指摘した。また、久秀失脚の背景には、「元亀の争乱」における阿波三好家と義昭・信長方との和睦によって、篠原長房が毛利領へ侵攻したため、義昭・信長と毛利氏との同盟関係に亀裂が生じたことの責によったこと、さらに、このことが義昭の失政として信長によって非難されるところとなり、両者の間に軋轢が生じて対立する要因となった可能性を指摘した。

しかし実際には、久秀は婚姻の一ヶ月前の五月には、畠山昭高の支族・安見右近《やすみうこん》を多聞山城へ招いて謀殺することを図ったり、五月六日には昭高の交野城を攻めている（『尋憲記』）。これに対して、昭高を援護するために

松永久秀画像　『絵本豊臣勲功記』　当社蔵

摂津守護の和田惟政が出陣している（六月六日付け久秀書状「信貴山文書」）。そして義昭は、六月十一日に順慶へ娘を嫁がせて同盟関係を築いたのである（『多聞院日記』）。したがって、婚姻政策によって久秀が蜂起したのではなく、むしろ順番は逆で、久秀が摂津・河内に侵攻して義昭政権に反抗したために、義昭は久秀の反勢力である順慶を明確に自らの陣営に位置付けたのだった。

久秀と順慶の対立関係は、「和州一国は久秀進退」以降もずっと続いていた。順慶は、永禄十二年四月十四日に義昭が二条御所へ移徙《わたまし》した際に、井戸《いど》十郎太夫《じゅうろうだゆう》を通じて献物を贈って祝賀しており、義昭との関係構築に努めている（『増補筒井家記《ぞうほつついかき》』）。一方で、元亀元年七月二十五日に池田氏の内訌で久秀が摂津へ出陣すると挙兵し、十日《とおか》城に入城してから、細井戸《ほそいど》城に拠る久秀家臣の箸尾為綱《はしおためつな》を攻めて落城させている。さらに、八月二十日には河内へ侵出して、古市郷を放火するなど攻勢を強めた（『多聞院日記』）。そのため久秀と順慶は、上洛戦以前から起こっていた大和国をめぐる抗争を、それ以降も継続していたのである。つまり、順慶に娘を嫁がせたことによって久秀が離反したわけではない。

また、義昭・信長と毛利氏との関係についても、元亀元年の年末に講和が結ばれて終結した「元亀の争乱」以降に、長房は「京都御宥免」と号して備前の浦上宗景《うらがみむねかげ》と連繋し、毛利領との境目へ侵攻している。これに対して、毛利元就と輝元は信長への五月二十六日付け連署状で、義昭から「御下知なされ候の様」に信長へ「御助言」を歎願している（「柳澤文書」）。そのため、講和によって亀裂は生じておらず、長房が毛利領に侵攻したことによって、かえって両者は長房を共通の敵として連繋を強める逆の効果がもたらされていたのである。このことから、講和が久秀を切り捨てて失脚させた直接的な原因とは考えられない。

婚姻に隠された戦略

では、元亀二年六月十一日の婚姻をどのように考えればよいのであろうか。その鍵は、山田康弘氏が指摘した将軍と大名との関係における「将軍存立の仕組」で理解することができる。すなわち、戦国期以前の将軍は、「二十一屋形」と称される在京大名によって支えられていた。しかし、戦国時代以降に大名が在国するようになると、将軍は在京することが多かった細川京兆家に存立を支えられる度合いが高くなっていった。このことは、京兆家が没落すると将軍家も共倒れで没落するという危険性を内包していた。そのため、戦国期の歴代将軍は次善の策として、その危険性を回避するために特定の大名に支えられるのではなく、複数の大名に支えられる体制を再構築したとするものである。

この「危険性の分散」政策は、義昭にもあてはめて考えることができる。永禄十二年正月に二十一ヶ国の大名などへ上洛を要請したのも、これに基づく政策だったと理解することができる。そして、まさしく順慶と久秀の事例も、義昭は大和支配を確実なものとして「危険性を分散」するために、両者を取り込むための政策だったといえる。一見、このことは、本来は敵対している者同士を自らの臣下に取り込むことであるため、矛盾した政策と思われる。しかし結果として義昭は、久秀と順慶をそれぞれ自らの陣営に位置付けたことによって、大和国はどちらかの勢力が義昭と敵対関係にあっても、永禄十一年の上洛以降ずっと義昭の「御手に属する」国であり続けたのである。

このように、義昭は「危険性を分散」するため、久秀の反対勢力である順慶を婚姻政策によって明確に自らの陣営に取り込んだが、結果として、久秀が完全に義昭から離反する負の効果が生じた。久秀は「元亀の争乱」の講和交渉において、阿波三好家と姻戚関係を結んだことによって、義昭から離反する足掛かりを築くことになった。久秀は大和や摂津へ侵攻し、自身の権力強化を図って義昭政権から自立する動きを示す。これに対して、義昭は山城と大和の国境に三淵藤英・細川藤孝や奉公衆を派兵したり、木津《きづ》某から人質を取っている（『多聞院日記』元亀二年七月三日条）。順慶との姻戚関係の構築も、その一環だったといえる。したがって、久秀の離反は義昭が久秀を「切り捨てた」ことによって生じたのではなく、大和計略に端を発する抗争の結果だったのである。

義昭と姻戚関係を結んだことによって、今度は順慶が義昭を後ろ盾として六月に奈良へ侵攻し、義昭は順慶を支援するために、奉公衆の三淵藤英と山岡景友などを派兵している（『尋憲記』元亀二年七月十二日条）。久秀・久通と三好義継は、順慶が新しく築いた辰市《たついち》城（奈良県奈良市）を攻めて、八月四日に順慶と激突することとなった（『多聞院日記』）。ここでは久秀勢が大敗を喫して、討ち取られた多数の首が義昭のもとに送られ、二条御所でさらされている（『言継卿記』）。久秀は、勢力の挽回を期して三好三人衆と連繫し、八月二十八日に義昭の重臣で高槻城主だった摂津国守護の和田惟政を攻めて討ち取っている（『言継卿記』）。年末の十二月十七日には、三人衆と阿波三好勢が盟主としていた管領家の細川家「惣名」信良が義昭に降り、上洛して「御礼」を申し上げた。義昭から「昭」の一字を偏諱されたのは、このときである（『兼見卿記』）。

久秀は、盟主としていた義昭と昭元を相次いで喪失したことにより畿内で孤立化し、次の手段として守護家との連繋を画策する。元亀三年の閏正月四日には、畠山昭高と遊佐信教が義昭に背くとの風聞があり、さらに四月十三日には細川昭元も連繋するとの風説が流れている（『多聞院日記』）。義昭は昭高・信教に対して「三好・松永は敵」と非難して、離反しないように宥めている（『相州文書』）。このときに義昭は、信教の母に宛てて仮名書きで信教が離反しないようにとの書状を送っていることが注目される。しかし、四月十三日に昭元は義継と和睦し、互いに人質と誓詞を交換して同盟する（『年代記抄節』）。この同盟はすぐに破棄されることとなるが、三好為三と香西元成は義継へ寝返った。

元亀三年四月十六日に、久秀と義継は交野城に拠る畠山昭高の家臣安見新七郎を攻めている（「誓願寺文書」）。摂津では、伊丹親興が「信長方の扱い不審」、和田惟長も「内人申し合わせ、若江（若江城主三好義継）へ一段内證をもって入魂」とあり、義継に内通する動きを見せて姻戚関係を結ぶ（「誓願寺文書」）。そして、久秀と義継は細川京兆家の昭元を再び盟主として畿内守護との連繋をはかる。結果として昭元・高政・信教・親興・惟長は義昭に離反しなかったが、畿内は久秀と義継を中心として、各守護もいつ義昭に敵対するか不分明で、緊張性を内包した不安定な情勢だった。

義昭は元亀三年二月十日に山城淀に築城し（『兼見卿記』）、三月二十一日から京都において信長の邸宅を造営する（『原本信長記』）。さらに、五月八日に山岡景友を山城守護に補任したのは（『兼見卿記』）、これらの動向に対する備えだったと考えられる。このうち信長の邸宅造営については、これまで京都に居館をもたない信長への「ご機嫌取り」と考えられてきたが、実際には畿内の情勢と密接に関わる軍事上の目的があったと考えられる。

このような状況下にある最中に、義昭が信長に敵対するとは考えられない。自らの理想とする「天下」を実現・維持するためには、信長は最大の擁護者であり、その軍事力と指揮統率能力が必要だったことから、これまでに信長を打倒する意思はなかったと考えられる。すでに義継や久秀父子が敵対しており、摂津・河内方面の守護も離反する動きがあったため、政情は非常に不安定だった。三好方が守護連合を図ったことによって、逆に今度は義昭が畿内において孤立化する状況が生じることになった。元亀三年五月二日には、越前の朝倉義景から三好方へ送られた飛脚の僧侶が捕らえられ、一条戻り橋で処刑されている（『年代記抄節』）。義昭は順慶を自らの陣営に位置付けて大和の守備を増強させるが、本願寺・義景・長政の連繋と信玄の西上をうけて、これら畿内守護でもともとは義昭に敵対していた勢力と盟約することによって、勝機を見込んで反信長勢力を糾合することとなった。

分裂する義昭政権の幕臣

次に、義昭が蜂起する直接的な理由として、③幕臣の動向について検討する。実は、義昭が協調路線から政策転換する背景として、幕臣たちの動向が多大に影響したことが考えられるのである。

義昭政権の幕臣で信長に最初に反旗を翻すのは、山城近郊で明智光秀の与力となっていた山本対馬《やまもとつしまの》守《かみ》・渡邊《わたなべ》宮内《くない》少輔《のしょう》・磯貝久次《いそがいひさつぐ》である。『兼見卿記』元亀四年二月六日条によると、「岩倉山本・渡邊・礒（磯）貝、明智に対し別心」とある。従来、このことは、義昭の元亀四年二月十九日付け某宛て御内書に「山本・渡邊・磯貝已前迄、悉く取り除け、明智正体なく候」（「牧田茂兵衛氏所蔵文書」）とあることから、義昭が蜂起させたことになっている。しかし、『尋憲記』同年二月十五日条には「城州（松永山城守久秀）方へ、岩倉の山本・山中のイソカイ《（磯貝）》・ワニ《（和邇）》の金蔵坊・セタ《（瀬田）》の山岡玉林坊（斎、景猶）・田中の渡辺等、各去十日に手を返し、帰参の由候」とあり、翌日条に「この衆、この方へ一味せしめ、西国《（岡）》一揆申す由候なり」とあることから、光秀から離反し、松永久秀に帰参して「一味」となった様子が確認できる。ちなみに、義昭が久秀と「御一味」となるのは、同二十日条に「将軍は十四日に当坊《（城）》へ御一味、信長御敵にふせられ候」とあることから、蜂起した翌日の十四日である。

よって、山本・渡辺・石谷らは、義昭が蜂起する前に久秀方に「手を返した」ことが確認できる。先に述べた、「土屋文書」二月二十二日付け浅井長政書状による「志賀郡」「この表の調略」と、顕如による「江州西路」「調略」（『顕如上人御書札案留』二月二十七日書状案）は、これらのことを示している可能性が高いと考えられる。

所領政策の破綻で幕臣が分裂

さらに、畿内周辺の守護や国衆ばかりだけではなく、政権中枢の幕臣にも分裂が生じていた。『細川家記』によると、前年の元亀三年正月十八日に、義昭の面前で側近の上野秀政と細川藤孝が信長の比叡山焼き討ちについて激論を交わしている。この時点で幕臣はすでに、信長の排撃を主張する派と、擁護する派の二派に分裂していた。このような事態は、義昭による所領政策の破綻が主たる要因とし

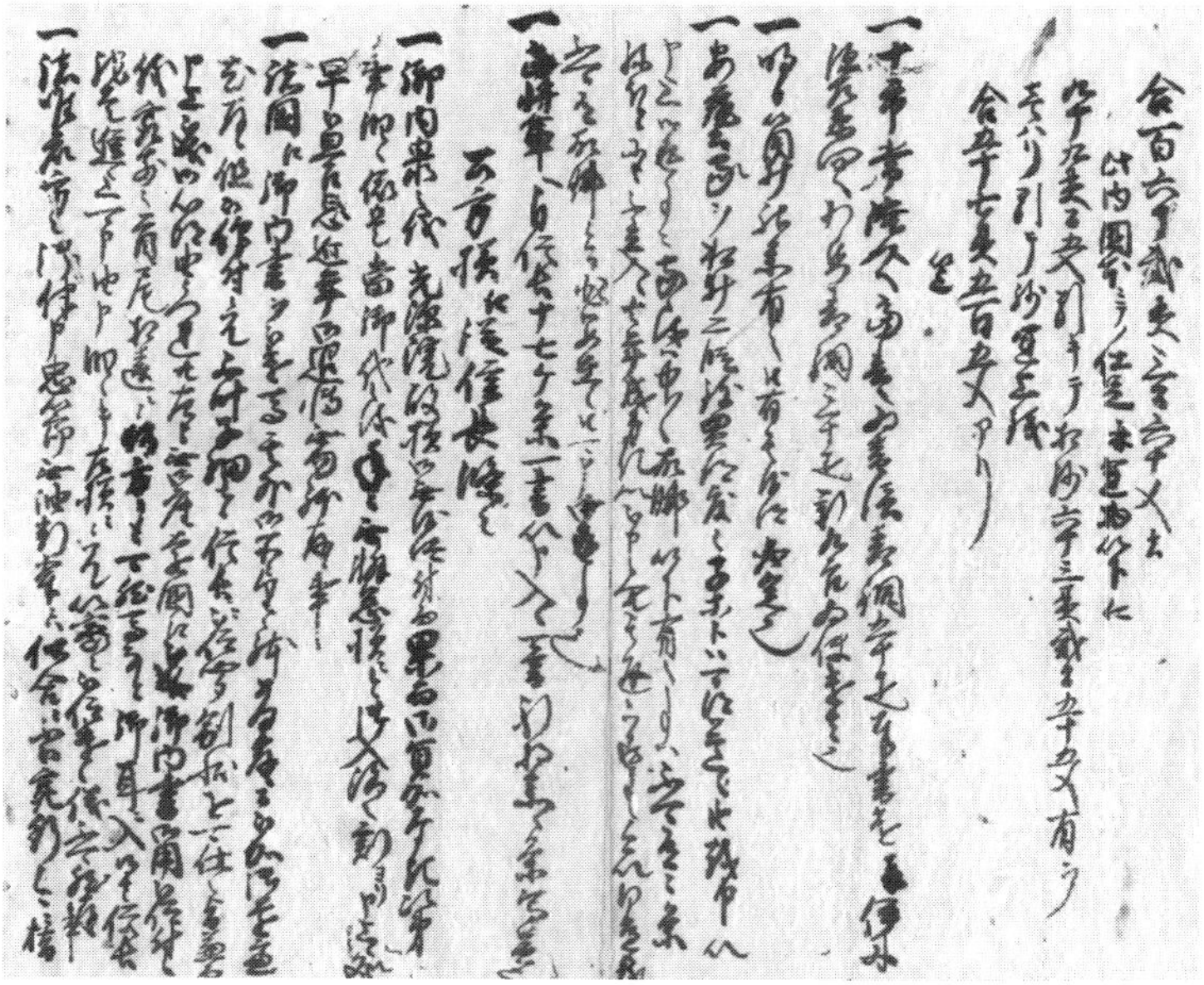

て考えられる。「異見十七ヶ条」は、信長が義昭の失政を叱責した史料として著名であるが、このうち第三・五・七・十五条（以下、③⑤⑦⑮と略記する）が義昭の所領政策に該当する条文である。まず、③と⑦を併せて検討する。

③一、諸唯《（侯）》衆の方々、御伴申し、忠節油断なき輩には、似合に宛行われず、今に指者にもあらざるには、御扶持を加えられ候、左様に候ては、忠・不忠も入らざるに罷りなり候、諸人のをもわく《（思惑）》然るべからず存じ候事、

⑦一、恙《つつが》なく奉公を致し、何の罪も御座候はねとも、御扶持も加えられず、京都に堪忍届かざる者ども、信長にたより《（頼り）》候て、歎き申し候、定めて私に言上候へば、何とそ御あわれみ《（憐れみ）》も在る

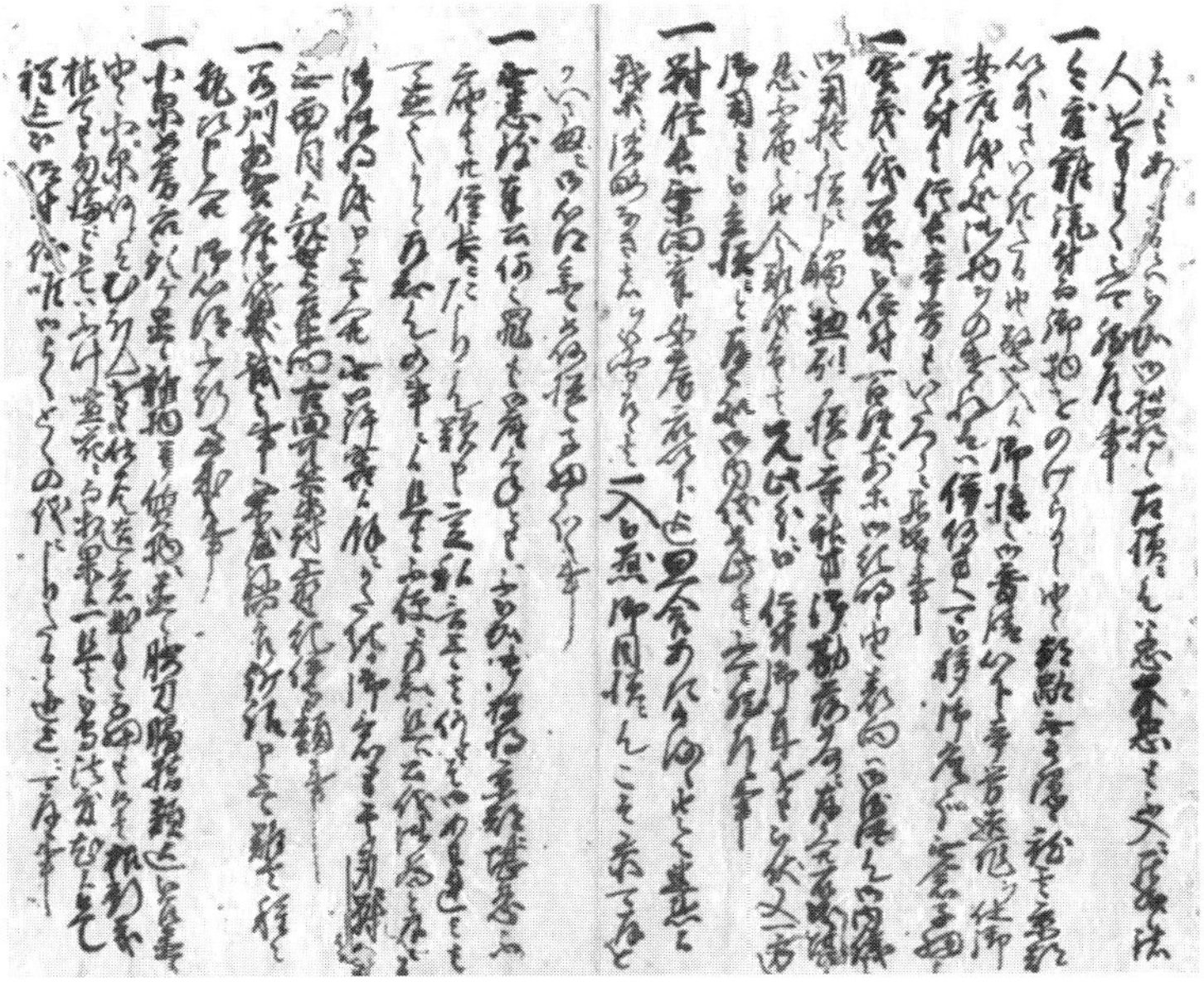

異見十七ヶ条（部分）『尋憲記』　国立公文書館蔵

べきかと存知候ての事に候、且は不便に存知、且は公儀の御ためと存じ候間、御扶持の儀申し上げ候へども、御許容なく候、余にかたき《（固き）》御意候間、その身に対しても面目なく候、観世与左衛門尉（国弘）・古田可兵衛尉・上野紀伊守（豪為）類の事、

これによると、義昭は「忠節油断なき輩」や「恙がなく奉公を致」している幕臣に対して、なんの罪もないのにそれに見合う扶持を宛行っておらず、「指者にもあらざる」そうでもない者に対して「御扶持」が加えられていた。義昭の「御扶持」は「忠・不忠」に基づくものではなく、義昭の気に召すか否かの恣意に基づいて宛行われており、安定性を欠く不公平な状況だったのである。そのため、「御扶持」

を与えられなかった幕臣は、信長を頼って愁訴した。信長はこのことを「不便」に思い「公儀御ため」であるとして義昭に言上したが、義昭は「余《あまり》に固き御意」でかたくなに「許容なく」聞き入れなかった。

では、これにより「御扶持」を加えられなかった幕臣は、どのような行動を起こしたのだろうか。ここでは、「京都に堪忍届かざる者」として、観世・古田・上野が「信長に頼り嘆き申」している。実際には、このために窮乏した幕臣が、自力救済の措置として「武家御押領」を行ったと考えられ、幕臣による寺社領などの押領がたびたび行われていた。この点については、後述する。また、「御扶持」を加える場合には、⑮に「御とのいに召し置かれ候若衆に、御扶持を加えられたく思し召し候はば、当座の何なりとも御座あるべく候ところ、或いは御代官職を仰せ付けられ、或いは非分の公事を申し次がれ候事、天下のほうへん（褒貶）沙汰の限りに存じ候」とあることから、当座の措置として代官職に補任したり、非分の公事を課すことが容認されていた。

しかし、非分の公事賦課と補任された代官の年貢押領は、所領主からは違乱とされて提訴されることになる。これに対する義昭の措置は、第五条で確認することができる。

⑤一、賀茂の儀、石成（友通）に仰せ付けられ、百姓前等を御糺明候由、表向は御沙汰候て、御内儀は御用捨の様に申し触れ候、惣別か様の寺社方御勘落、如何に存じ候へども、石成堪忍不届の由、難儀せしむる旨に候はば、先ずこの分に仰せ付けられ、御耳をも伏せられ、また、一方の御用にも立てらるる様にと存ずるのところ、御内儀この如くに候はば、然るべからず存じ候事、

幕府に提訴された相論の案件は裁許が行われることになり、表向きは「御沙汰」のとおりとして、

証文に基づき違乱と裁定された。ところが、実際の「内儀」は友通の「難儀」を救うための措置として「御用捨」されていた。義昭は幕臣による違乱を、引き続き「御耳を伏して」黙認して停止しなかった。ここで信長は、賀茂社と大徳寺との相論における友通の違乱を事例として挙げている。よって、幕臣に違乱された側が幕府に提訴して、政所で奉行人による裁許が行われても違乱停止がなされず、実効性がないことから信長へ提訴するに至ったといえる。義昭から恩賞を得られなかった幕臣も、代官職に補任された者も、結果として実力行使の自力救済によって「武家御押領」の違乱に及んでいたのである。そして、このことが信長によって「異見」されるところとなった。

以上のことから、幕臣の押領による違乱により在地の秩序が乱される背景について、信長は義昭の所領政策に原因があると考えていたと思われる。信長はこのようなことがないように、細川藤賢に領知を宛行うよう細川藤孝に義昭への奏上を進言したり（「塚原周造氏所蔵文書」『信文』二七九号）、あるいは直接、一色藤長の所領を安堵したりしている（「高橋氏所蔵文書」『信文』一三七号）。

また、義昭に対しても、すでに永禄十三年正月二十三日の「五ヶ条条書」（史料8）の三ヶ条目で、「公儀に対し奉り、忠節の輩に御恩賞・御褒美を加えられたく候といえども、領中等これなきにおいては、信長分領の内をもって、上意次第に申し付くべき事」として、信長の領国中から義昭の上意によって幕臣に所領を宛行うことを約諾している。従来は、実際に実行された形跡が確認できないことから、信長の人気取りの方便と考えられてきた。しかし、ここで看過してならないのは、「上意次第」とあることである。そのため、信長にはその覚悟ができていたことは間違いなく、実際には、義昭が信長に頼らず「上意」を下さなかったものと考えられる。義昭は、「異見十七ヶ条」の第十五条に記されているように、代官職を安堵することによって、その職分を所領の替わりに宛行ったり、非分の公事を課すことを黙認していたのである。

これら幕臣による違乱は、幕府に提訴しても「表向は御沙汰」として裁定されるが、「御内儀は御用捨」によって義昭は「御耳」を伏して黙認したため咎められなかった。そのため、相論は信長に訴えられることとなる。これらは在地における秩序を乱す行為であるため、信長は義昭に対して、信長領からの所領の提供などを進言した。しかし、義昭は聞き入れなかったため、信長から叱責されることとなった。結果として、幕臣は信長によって自力救済が否定されることになったため、信長への反感を強めたと考えられる。またその一方で、義昭から恩賞を得られなかった「京都に堪忍不届の者」は信長に安堵を求めた。義昭の所領政策は破綻して、幕臣が分裂する事態が生じることとなった。義昭の所領政策は幕臣と信長との対立を招き、幕府滅亡の大きな一因になったといえる。

信長への幕臣の不満

『細川家記』によると、三方ヶ原合戦の後に、義昭は信玄と家康・信長との講和を図ったが、信玄がこれを拒否した。その使者となった上野秀政《ひでまさ》は、信玄と信長を比較し、「信長は数ヶ国を討ち従え給えども、公領は少なく、御家人の領知も微々たるゆえ、清信《(上野秀政)》をはじめ、信長を恨むもの多きところに、信玄よりは数々の贈物等これあり」と、領国を拡大していた信長に比して、幕臣は領知が少ないことから信長への恨みをつのらせ、それと比べて数々の贈物を献上する信玄に肩入れするようになった様子が記されている。『甲陽軍鑑《こうようぐんかん》』には、信長のことを非難した秀政宛ての信玄書状が所収されている。信長は、陸奥の伊達輝宗にも、「甲州武田・越前朝倉已下諸侯の妄人《ねいじん》一両輩相語らい申し、公儀を妨げ、御逆心を企てられ候」と述べている（『伊達家文書』『信文』四三〇号）。

幕臣の動向については、キリシタン関係史料から、より具体的な様子を知ることができる。『日本西教史』によると、「ここにおいて公方は、信長の潔白にして、かつ公正なる所行に感じ、疑心を散じたり」とあることから、義昭は信長に離反しないつもりでいた。ところが、「されど宮廷の重臣たちは、信長の支配に愈々堪えうること能わず」と、幕臣たちが信長への不満をつのらせて、義昭は「両者の離間を策せる家臣等の巧言に、公方が耳を傾け」たとある。これに対して信長は、「遺憾とする旨を表明」している。義昭は「公方様は信長を嫉む者より、全然彼と断つ様扇動せられ」て、「公方をして彼と断然交を断たしめん事を謀れり、即ち彼等は公方を説得して」「公方はこの言に惑わされ」「直ちに戦闘の準備を整えたり」とある。

以上のことから、幕臣が信長に対して、領知の少なさから不平をつのらせて義昭に蜂起すべきことを進言し、これに加えて信玄からの讒言もあって、義昭が蜂起を決意するに至ったと考えられる。信長の二月二十六日付け藤孝宛て朱印状に「奉公衆のうち聞き分けざる仁体、質物の事を下され候様にと申し候」とあることから、彼らは信長に対して人質を差し出すことを要求している（「細川家文書」『信文』三六二号）。このとき人質となった信長の「実子」は、「その一女」（『イエズス会日本年報』）とあることから信長の娘で、実際に近江まで遣わされた(『日本西教史』)。しかし、義昭に拒否されたため、信長の許へ送り返されている。

信長もこのような幕府内の実情をよく把握しており、『尋憲記』二月二十八日条に「これ上意には御存知有るべからず」「其のほか内衆仕つる事に候条、悉もって成敗すべし」とあることから、このたびの蜂起は「内衆仕事」で、幕臣の企てとしてその成敗を図っている。

その中心的な人物は、『イエズス会日本年報』に「上野殿を訪問せり、この人は今信長と等しく他に並ぶ者」と言い表されるほど、幕府において信長に比肩しうる権勢を誇っていて、信玄との外交を担当した上野秀政だったと考えられる。さらに「信長はウヘノトノ(上野殿)を以て、その主たる責任者と認めたり」とあることからも、義昭蜂起の内実は秀政を中心とした幕臣による謀叛と捉えていた。これは、義昭の面子を保つために責任を幕臣へ転嫁する信長の方便であったとしても、義昭を擁護していることに変わりはない。実際に秀政は、義昭から松尾社領を宛て行われたが松尾社から違乱を訴えられ、放状を差し出して領有権を放棄したことはすでに述べたとおりである。秀政は、義昭の南都脱出以来、ずっと義昭に従っていた重臣だった。秀政が信長に反感を抱くことになったのは、以上のような所領問題と先述した比叡山焼き討ちに加えて、さらには三好権力から義澄系の将軍家への権力奪取をはかって奔走した秀政からすると、妙心寺の所領安堵にみられたように、連合政権を解消して幕府への権力の一元化をはかったことが一因としてあったためと考えられる。

このように、幕府の内部も含めて周囲が反信長陣営に与することになったため、義昭は孤立化したといえる。誰しも勝機のない合戦はしないものである。義昭は、朝倉・浅井・武田氏と本願寺による反信長勢力のいわば「大名連合」と幕臣からの進言をうけて、さらに義継・久秀を中心とした畿内の「守護同盟」と連繋することにより、信長打倒の勝機を見込んで蜂起を決意するに至ったと考えられる。

「天下静謐」をめぐる義昭・信長・信玄の攻防

義昭は、元亀三年八月に本願寺と信長との和睦の仲介を武田信玄に依頼しており（「本願寺文書」『顕如上人御書札案留』）、信長に委任していた「天下静謐維持権」を信玄に託す動向を示した。

これまで、義昭と信長は「御一味」で協調関係にあり、「天下静謐」は征夷大将軍である義昭の軍事動員権と、信長に委任された軍隊を指揮・統率して敵対勢力を「成敗」して維持する権限とが、一体となることによって実現されていた。さらに、義昭と信長は「分国」における大名の支配を容認して、中国地方における安芸毛利氏と豊後大友氏との豊芸講和や、甲信越地方における越後上杉氏と甲斐武田氏との越甲同盟などの大名間和平調停を推進する。そして、「分国」が「静謐」になることによって、より一層の「天下静謐」を志向していた。最終的には諸大名が上洛して在京し、将軍に供奉することを政治的目標としていたと考えられる。

もちろんこのことは、群雄が割拠する当時の社会的状況において現実性があったとは考えがたい。しかし、これは本来の幕府のあるべき姿であって、たとえ形式的であったとしても、一つの政治理念として義昭と信長はその「再興」を目指していたと考えられる。そのために、永禄十三年正月「条書」

の第一ヶ条目において、義昭が諸国へ「御内書」を発給する場合には、信長が「添状」を出すことをお互いの承認によって取り決め、「分国」の大名との外交権を共有していた。

その一方で、義昭はこの信長との条約に違約して、「天下静謐」のために信玄を媒介して本願寺と信長を和睦させ、両者の長年の抗争を終結させることを図る。なぜ、この時期に義昭がこれを画策したのかは、やはり三好勢の攻勢に対する備えだったと考えられる。義継・久秀と三人衆・阿波三好勢は再び集結して、かつての三好権力を再興させようとしていた。そして、盟主として管領家の細川昭元を擁立する動きを見せ、和田や畠山・遊佐氏などの畿内における守護家との連合を画っていた。それに本願寺が加わることは、まさに義昭が「天下」において孤立化することを意味していた。さらに久秀は、この後の元亀四年正月八日に信長へ「御礼」のために、美濃に出仕している（『原本信長記』）。守護連合を謀る久秀は、「異見十七ヶ条」を呈出した信長とも連繫する動向を示す。

義昭はその防衛策として、本来は「天下静謐維持権」を委任している当事者の信長が対象となるため、媒介者として、本願寺とは血縁関係にあって、信長ともまだ同盟関係にあり両者の間で中間的な立場にあった信玄に仲介を依頼したと考えられる。信玄は、両者の関係において適格者だったのである。

それともう一つは、これも山田康弘氏が指摘する、幕府存立のための「危険性の分散」の一環だったと考えられる。三好権力・本願寺にさらに朝倉・浅井勢が加わって信長との全面戦争が勃発したとして、信長が敗北した場合の最悪の事態に備えるために、信玄に「危険性を分散」した可能性が考えられる。そのため、義昭は「天下静謐」をより確実なものとし、さらに信長の敗北によって自らも共倒れとなる最悪の事態を回避するためにも、信玄に「天下静謐」を維持する役割を託したと考えられる。

しかしこのことは、信長にとっては想定外のことだったと考えられる。義昭から委任されていて、本来は自らが副状を発給して行うべき「天下静謐」維持の役割が信玄に移行し、信玄から本願寺との講和を仲介されたことによって、信玄と立場が入れ替わって逆転する現象が生じた。つまり、それまで義昭とともに信玄と謙信との講和を推進していた自分が、信玄から本願寺との講和を調停されたのである。これによって、信長がこれまで委任されていた「天下静謐」維持の役割が喪失することになり、「天下静謐維持権」を義昭に剥奪されたと思ったことが考えられる。そのため信長は、「異見十七ヶ条」で信長の副状なしに「諸国へ御内書を遣わされ」ることは「最前の首尾相違に候」と、「条書」の約諾に違犯する行為として義昭を叱責している。

この両者の思惑の違いは、信長と信玄との「天下静謐維持権」をめぐる抗争へと発展する。まさにこれは、義昭の「上意」の独占化をめぐる抗争でもあった。信玄は、上野秀政との政治交渉を通して幕府における内情をよく把握していたと考えられ、かねてからの信長に対する幕臣の「恨み」による分裂状況を利用して、秀政と「同心」することに成功する。先述したように、義昭は「信長の潔白にして、かつ公正なる所行」に感じ、当初は疑心を散じていた。しかし、「家臣等の巧言」に義昭は「耳を傾けて」、信長を「静謐」を乱す存在として「成敗」することに政策を転換する。内容的には検討を要するが、『甲陽軍鑑』には信長と信玄が相手を激しく非難しあっている文書が記されている。

義昭は、信長に委任した「天下静謐維持権」を再び自らが掌握し、次第に形成されつつあった義景・

長政・信玄・本願寺による信長包囲網と、それまで自らを討伐するために義継・久秀が画策していた守護連合のほうへ、信長と袂を分かつことによって鞍替えする。そして、「都」を中心とした西側に展開された三好勢・守護連合・本願寺と、東側の朝倉氏・浅井氏・武田氏による「鄙」との、それぞれに形成されつつあった連合を自らが結び付ける紐帯となって蜂起することになった。この義昭の「御逆心」は、「御一味」となり一体化していた義昭と信長の協調関係が崩れた瞬間だったと言ってよいだろう。義昭は「御内書」を発給して、「天下静謐」のための「御下知」を下す。

〔史料17〕『顕如御書留』（『大系真宗史料』文書記録編四「宗主消息」）

御内書謹んで拝見候、仍って今度武田大膳大夫入道、朝倉左衛門督言上の条、意趣存ぜず候、天下静謐の儀、御下知あるべく候哉、相応の儀疎意あるべからずの通り、披露あるべく候、恐々謹言、

御判行無之

五月廿三日

一色式部少輔（藤長）殿

この史料は、義昭からの「御内書」に対する顕如の返書である。ここで顕如は、義昭側近の藤長に宛てて、義昭が「天下静謐」の「御下知」を下したことに対して疎意なく同心する意志を示し、義昭への披露を伝えている。義昭と信長との対立は、自らの敵対勢力を「成敗」することによって「天下静謐」を実現化させる義昭と、義昭から「天下静謐」を維持するために反抗勢力を「成敗」する役割を委任された信長との、「天下静謐」そのものをめぐる直接的な対決へと発展する。最終的に、信長は「誰々」に寄らず「上意」を得ないで、義昭を「成敗」することになった。

図９　義昭・信長周辺図

義昭に対する信長の対応と「御所巻」

信長は塙直政《ばんなおまさ》を使者として派遣し、「細川家文書」によると、義昭に「天下再興」のために「御理《おことわり》」を申し上げて、「上意の趣、条々成し下され候、一々御請け申し候」、「殊に十二ヶ条の理とも、具に聞き届け」て、義昭の要求をすべて受け入れて、十二ヶ条に及ぶ条件を受諾する。信長は「然りといえども君臣間の儀」により「君臣」であることから「深重」に愁訴して、「その上意に随うべし、何をもっても背き難きの間、領掌仕り候」と、全面的に「主君」義昭の「上意」に随う姿勢を示す。そして「奉公衆」が要求した、実子を人質として差し出す要求に応じるなど、無条件降伏によって関係修復を図っている（『信文』三六〇・三六一・三六三・三六四号）。

さらに信長は、四日間引き続いて温厚に敬意を表しながら義昭と講和交渉し、「公方様、もし可なりと認めば、彼及び其子は頭を剃り、少しも武器を帯びずして彼に謁見すべし、しこうして彼は公方様の地位を回復することの外、考へたることなく、これがため辛苦したるが故に、これを維持することの外、望む所なし」（『日本耶蘇会年報』）とあることから、信長は父子（子は信忠ヵ）で剃髪して丸腰で謁見する恭順の意思を表し、義昭の「公方」としての地位を保全して幕府を維持することが本望であると述べ、義昭に全面的な降伏を申し出ている。

これに対して義昭は、信長の人質を退けて、本願寺・信玄・義景と、さらには安芸小早川氏や備前浦上氏にも出馬を求めて（「徳富猪一郎氏所蔵文書」）、二月十四日に「手を返して」敵対していた義継・久秀と同盟して挙兵する。義昭のもとには畠山昭高・遊佐信教が帰参し、池田知正《ともまさ》や宇津《うつ》頼重《よりしげ》を御供衆に加えるなど、守護家を糾合して強硬路線を敷いて信長に敵対した（『年代記抄節』）。このように義昭は、畿内の守護を中心として反信長勢力を結集することによって、信長を「天下静謐」を脅かす存在として「成敗」を目論んだ。義昭と信長の交戦は、自らに敵対する勢力を放伐することによって、「天下」に「静謐」をもたらすことを目的とした義昭の「天下静謐」と、「上意」を得ないで「誰々」によらず「天下静謐」を維持する役割を委任された信長との、まさしく「天下静謐」をめぐる抗争となった。

信長は、あらためて講和を申し入れたが「承諾これなし」により、四月二・三日に洛外、四日には「御構えを押さえ上京御放火候」（『原本信長記』）とあることから、二条御所を包囲して圧力を加えながら上京を放火するに至る。信長は義昭に講和を求めながら、「御逆心」した義昭に対して恭順の意志を表し、義昭に講和を求めて「内衆」の「成敗」を求めている。二条御所を取り囲みながら義昭と講和交渉をして、義昭に謀叛を進言した幕臣の排斥を図っていることから、これはまさしく、信長による「御所巻《ごしょまき》」だったといえる。実際に上野秀政・一色藤長らの幕臣は、元亀四年四月二十八日に「信長に対し逆心存ずべからざる」との起請文を差し出して降伏している（『和簡礼経』『信文』三七一号）。

信長は事態を打開するために、勅命による講和を図る。この勅命講和はこれまで義昭からの要請と考えられているが、講和を求めているのは終始一貫して信長だったことから、信長からの申し出と考えられるであろう。結果として義昭は、勅命講和を受諾した。しかし、勅命講和後に義昭は、「公儀右の御憤を休まれず」（『原本信長記』）により、七月三日に三千七百の兵力で再度挙兵する。異変を受けて信長は近江から早船で入京し、二条城を攻略してから十八日に義昭の拠る宇治真木嶋城に着陣した。

将軍追放と「御自滅」による室町幕府の滅亡

信長勢の攻勢により、義昭はこれ以上の抗なくして二歳の幼子（後の義尋）を人質として差し出すことによって降伏し、山城国枇杷《びわ》荘に退去してから河内国津田を経て、本願寺顕如の斡旋によって三好義継の若江城へ落ち延びた。そのときの様子は、「誠に日ごろは輿車にて御成り候歴々の御上臈達、御歩立赤足にて、取物も取り敢えず御退座」（『原本信長記』）であり、その途路において一揆に遭い、「御物」を奪われる有り様であった。京都の町衆は、「御鎧の袖をぬかさせられ、貧報公方と上下指をさ

若江城跡　大阪府東大阪市

し嘲哢を成」したということであった。『原本信長記』の筆者太田牛一は、「御自滅と申しながら、哀れなる有様目も当てられず」と評している。これによって、室町幕府は滅亡することとなった。

ここで義昭の軍事力が機能しなかった理由としては、それまでの協調関係から突然の蜂起によって幕府勢力を結集できなかったことが考えられる。義昭は二月十三日に蜂起した後に、その時点で敵対していた義継や久秀と盟約していることから、のちに明智光秀が本能寺の変を起こした後に、藤孝などに協力を呼びかけたときと状況が酷似している。そのため、この点からも、信長包囲網は自らが形成したのではなく、突発的な蜂起だったことを裏付ける証左であるといえる。また、信長が藤孝の状況報告を基に調略を行っていたことから、すでに信長方へ味方する者がおり、幕府方の勢力を糾合することができなかったことが要因としてあげられる。さらに、これまでの永禄十一年九月の上洛戦や義昭の二条御所造営の際に将軍へ忠誠を示すために上洛してきた諸国からの数万におよぶ武士たちは、義昭から充分な恩賞を得られなかったことが考えられる。幕府には新恩給与として宛行う領知がなく、義昭はそれに対応するために「御耳を伏して」、他領を押領・違乱することを黙認する措置で対処した。しかしそれは、土地を媒介とした「御恩」と「奉公」による封建制の原理・原則に基づいた政策ではない。よって、彼らは義昭に不満をつのらせて、新たな封建君主として信長に期待を寄せたことが根底にあったと考えられる。

信長の基本政策は「当知行の安堵」であることが、これまでに明らかにされている。信長は、上洛戦における義継・久秀や義昭蜂起時の幕臣たちなど、信長に帰参した者に対しては所領を安堵している。そのため、義昭が「条書」さえ護っていたり降参していれば、幕府は存続していたと考えられる。逆説的には、信長が「条書」に違犯することは自らが定めた条規に逆らうことになり、かつ「君臣間」の道理にも反することになる。これは、大義として義昭討伐の正当性を欠くことになり、幕府を滅ぼすことはできなくなるといえる。信長にとっては「天下」の主宰者たる義昭と同盟関係にあれば、幕府は本願寺・畿内守護家・毛利氏などの備えにもなり、自身は近江・越前・甲斐攻略へ重点的に兵力を向けることもできる。

そのため、義昭は挙兵を決してからは決戦する意志を固め、信長は講和を求めて最大限譲歩していることから、合戦は回避したかったと考えられる。信長は、合戦は消耗戦であることを十二分に理解しており、実際に義継・久秀・伊丹親興・石成友通などの旧幕府派の掃討戦と石山合戦の終結は天正八年までかかっている。義昭と講和することは、すなわち、幕府の存続を意味していたことは明らかである。信長にとって守護・奉公衆を擁する幕府は、畿内・西国の備えとして、また、「天下」の秩序維持「静謐」のためにも必要な装置であったといえる。義昭は信長に抵抗したことによって京都を追放され、「御自滅」したのであり、信長には幕府を滅ぼす意図はなかったと考えられる。

第九章　幕府滅亡後の信長による「幕府再興」と政権構想

義昭追放後の幕府再興運動

義昭は真木嶋退座後に三好義継の若江城を御座所として、「則武田信玄・朝倉・三好義継・大坂（本願寺顕如光佐）を始めとして、鬱憤を散ずべき行半ばに候」（『柳澤文書』）とあることから、安芸の毛利輝元に武田・朝倉・三好・本願寺の勢力で信長包囲網を形成して再起することを述べている。義昭が勅命講和後の七月三日に「御憤を休まれず」再度蜂起する背景には、このことがあったためと考えられる。すなわち、義昭本隊は信長に攻略されたが、周囲の諸勢力は依然として温存されていたのである。義昭にとっては、勅命講和の受諾は周辺の勢力が後巻として集結するための時間稼ぎ的な手段だったと考えられる。そして義昭は、真木嶋退座後にあらためてそれら反信長勢力の結集に努め、顕如に三好義継・同康長と畠山昭高との和約を図らせ、越後の上杉謙信にも協力を求めた（『小早川家文書』『謙信公御書集』）。義昭は京都を追放されてから三年後の天正四年まで、畿内に滞在することとなる。

義昭は毛利氏を頼って安芸に逃れて再起を期そうとするが、毛利氏は信長との全面対決を避けるために入国を拒否した。そのため、十一月九日に堺を発って海路紀伊に向かい、由良《ゆら》の興国寺《こうこくじ》（和歌山県日高郡由良町）に滞在することとなった。このとき、義昭に供奉した従者は「公方様は上下廿人の

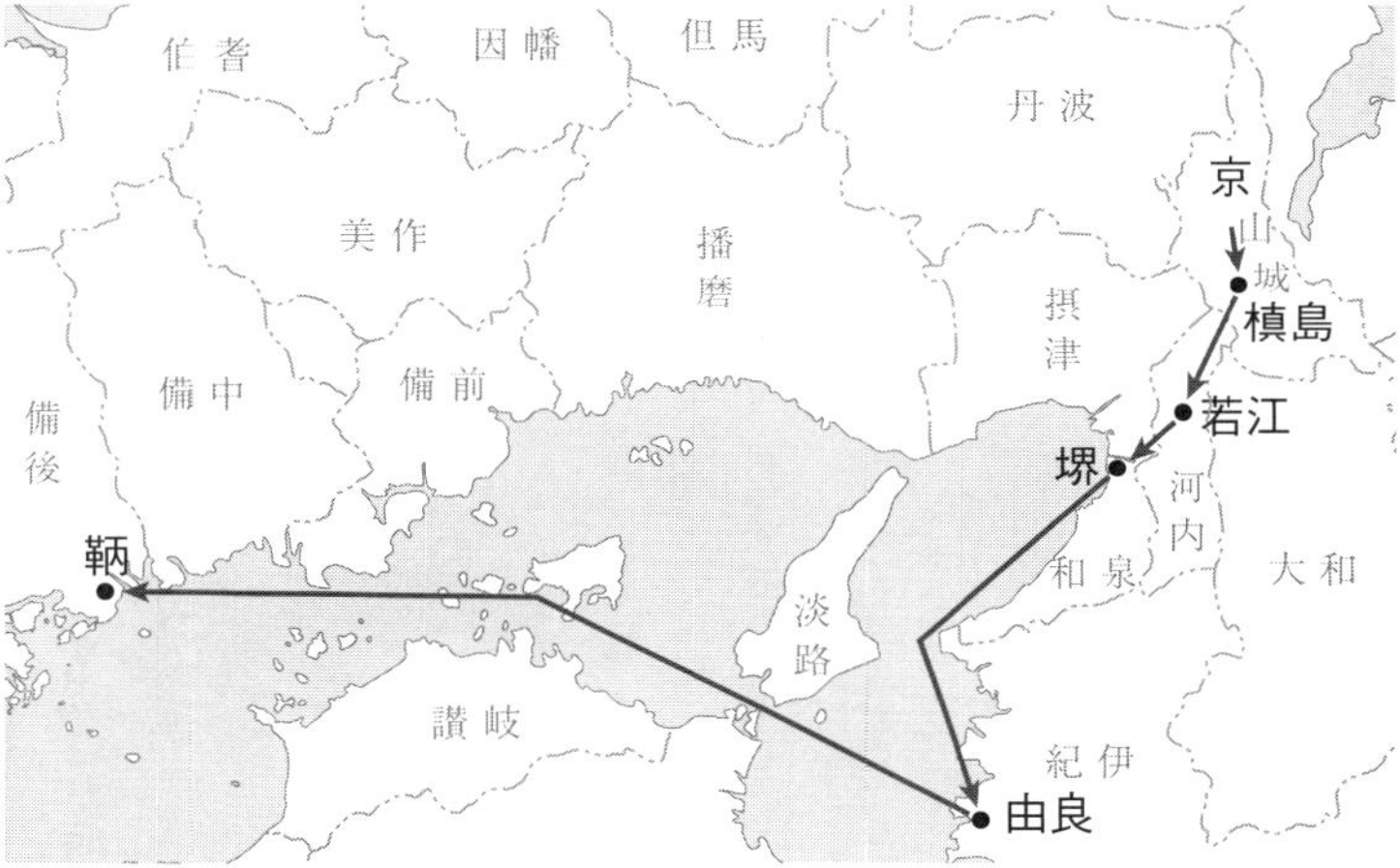

図10　義昭下向図

内にて、小船に召され候て、紀州宮崎の浦と申す所へ御忍候」（『吉川家文書』六一〇号）とあることから、わずかに二十人ほどだったということである。義昭は、ここからさらに、翌年三月二十日には上杉謙信に武田勝頼・北条氏政・加賀一向一揆と講和して上洛することを求めたのをはじめとして、薩摩の島津氏にも帰洛に協力するよう要請している（『別本士林証文』『歴代古案』『島津家文書』）。

その間に信長は、天正元年十一月に越前へ出兵して朝倉義景を討ち、さらに近江に侵攻して浅井長政を討伐して、越前と近江を平定した。翌年三月には本願寺を攻め、四月に河内高屋城の三好康長を攻めて降伏させ、同月に武田勝頼を長篠の合戦で破り、そして越前の一向一揆を征圧する。畿内周辺と信長領国の隣国を次々と征圧して義昭方の勢力を掃討し、六月からは中国方面へ侵出するに至った。

このように、信長が次第に勢力基盤を拡大し強大化させていくのに比して、義昭は自らが南都から落ち延びて諸国の大名に上洛を促したときや、あるいは京都から流浪した前代の足利将軍と同様に、「当家再興」を掲げて再び上洛して幕府再興を画策する（「柳澤文書」）。一見、このことは、「将軍」に固執する実権を失った義昭のあがきに似た空虚な政策と捉えられがちである。しかし、一つの強靱な勢力と結びつくことによって逃亡した将軍が帰還することは往々にしてあった。そして、それは何よりも信長を供奉して上洛を成し遂げた自らの成功体験があった。義昭にとってはまったくの絵空事ではなく、きわめて現実的な政策だったのである。

信長による義昭召還と幕府再興

義昭の要請に、諸国の大名は応じることはなかった。毛利氏は信長との全面交戦を避けるため、具体的な対応策として、天正元年（一五七三）九月に信長へ義昭の京都帰洛の受け入れを要請している。これに対して、信長は「同心」している（『毛利家文書』三三一号）。また、輝元が十月二十八日付けで一色藤長に宛てた書状に、「仍って御入洛の御儀に就いて、信長に対し申し遣わし候の条、御許容成されるにおいては、都鄙安泰の基たるべく候哉、御故実肝要候」（『別本士林證文』）とあることから、再び信長に義昭の京都帰還を要請していることが確認できる。ここには、義昭が京都に「御入洛」することは「御故実」であり、「都」＝「天下」と「鄙」＝「分国」の安泰の基なので、「肝要」なこととして義昭に帰洛を勧めている。

義昭はこれを受け入れる意向を示し、毛利側からは安国寺恵瓊《あんこくじえけい》が使者となり、信長側は羽柴秀吉が担当となって、両者の仲介役として日乗上人《にちじょうしょうにん》も交え、十一月五日に堺において具体的な交渉が行われた。その経過は、十二月十二日付け山縣就次《やまがたもりつぐ》・井上春忠《いのうえはるただ》宛て安国寺恵瓊自筆書状（『吉川家文書』六一〇号）に詳細が記されている。それによると、義昭は「上意の御事、人質を能よく御取かため候はではと仰せられ候」とあることから、信長から人質を差し出すことを条件として求めた。しかし、これを秀吉が拒否し、「ただ行方しらず（知らず）に見え申さずの由、信長へは申すべく候の条、早々何方へも御忍然るべきの由申し候」と、信長にゆくえ知れずと報告するのでどこへでも「御忍」で落ち延びるようにと、最終的には義昭を突き放す形で交渉は決裂することとなった。

以上のように、天正元年七月の幕府滅亡後に、毛利氏は信長との全面戦争を回避するために義昭の毛利領国への下向を拒み、信長に音信して、天正元年九月・十月・十一月に義昭の帰洛についての交渉を行っている。これに対して、信長は「同心」して、義昭を迎え入れると回答する。信長はさらにその後、積極的に義昭を京都へ召還しようとしている様子が確認できる。翌二年に比定される義昭の正月十六日付け六角承禎宛て御内書に、「今度信長頻りに帰洛参るべき由、使いを差し越し申といえども」（「織田文書」）とあることから、引き続き頻りに義昭に帰洛することを働きかけている。

信長のもとには、人質となり「若公様」と称されていた義昭の子の義尋《ぎじん》がおり、信長へ帰参した旧幕臣たちは京都の本領を安堵されている。天正九年二月二十八日に信長が京都で行った馬揃《うまぞろ》えにも参加している（『原本信長記』）。彼らは山城を管轄することとなった明智光秀に付けられ、細川藤孝や筒井順慶は光秀の与力となっている。政所の執事だった伊勢貞興は、本能寺の変後の山崎の合戦では、光秀に従軍して戦死している。このような光秀は、研究上「近畿管領」と称されている。そのため、光秀を中心として、幕府体制の残滓は存続していたといえる。これらの点を考慮すると、信長にはやはり幕府を滅ぼす意図はなかったと考えられ、結果として、それを拒否したのは義昭であったといえる。

義昭の備後国鞆への下向と毛利氏の「副将軍」補任

これに対して義昭は、各地の大名に蜂起を促しながら徐々に西国へ移座して備後に至る。義昭は天正三年二月八日付けで、吉川元春に毛利輝元へ幕府の再興に尽力するよう伝えることを命じ(『吉川家文書』四八九号)、山田(福山市熊野)に移った後に、津の郷《つのごう》(福山市津之郷)に居館を設けた。そして、鞆《とも》へ御座所を移して小松寺《こまつ》(広島県福山市鞆町)に寄寓した。ここは、初代将軍の足利尊氏が九州から上洛する際に宿泊したため足利氏とは縁のある寺院で、尊氏はここから再起して幕府を樹立した吉例の故事がある。このこともあって、義昭は当地を選んだと考えられる。ここは「公儀御座所」と称され、義昭が御座所とした場所は、現在「鞆城跡」(福山市鞆町)となっており、足利家の桐紋があしらわれた鬼瓦が出土している。

このように、都落ちした室町将軍が再起を画した先例は、第十代将軍の足利義稙が管領の細川政元に将軍職を剥奪されて京都を追放された「明応の政変」の後に、周防山口の大内義興に擁立されて上洛を遂げて再任された例もある。九州・中国地方は足利尊氏や義稙の故事があるように、足利家が将軍職に就くのに由緒がある土地柄だった。義昭もこの故事に倣って、毛利氏を頼ったとも思われる。

鞆城跡から出土した鬼板瓦　鞆の浦歴史民俗資料館蔵

義昭の（天正三年）二月八日付け吉川元春宛て御内書に、「度々下向の事を申し遣わすといえども、織田相談により、思慮を加えるの由、聞こし食され訖」とあることから、毛利氏と信長はその後も義昭の帰洛交渉をしていることが確認できる。しかし、義昭は「然らば、信長輝元に対し逆意その隠れなきの条、先ず当国（備後）に至り相越し候」と、毛利氏に対して積極的に信長と交戦することを要請し、毛利氏を頼って備後へ入国することを伝えている（『吉川家文書』四八九号・四九一号）。

最終的に毛利氏は、八月二十四日付け吉川元春宛て一色昭辰《あきたつ》書状に「仍って公方様御座を移され候ところ、太守（輝元）御入洛の御請け、公私大慶少なからず候」（『吉川家文書』四九三号）とあることから、政策を転換して義昭を迎え入れて信長と対決することを選択する。この後に輝元は、天正十年二月十三日付けの吉川経家置文《おきぶみ》に「爰に義昭将軍、織田上総介信長を御退治のために、備後鞆の浦に御動座なされ、毛利右馬頭大江朝臣副将軍を給り」（『石見吉川家文書』一〇三号）とあることから、義昭によって「副将軍」に任じられた。小早川隆景と吉川元春・元長《もとなが》父子は、その権威に基づいて戦い

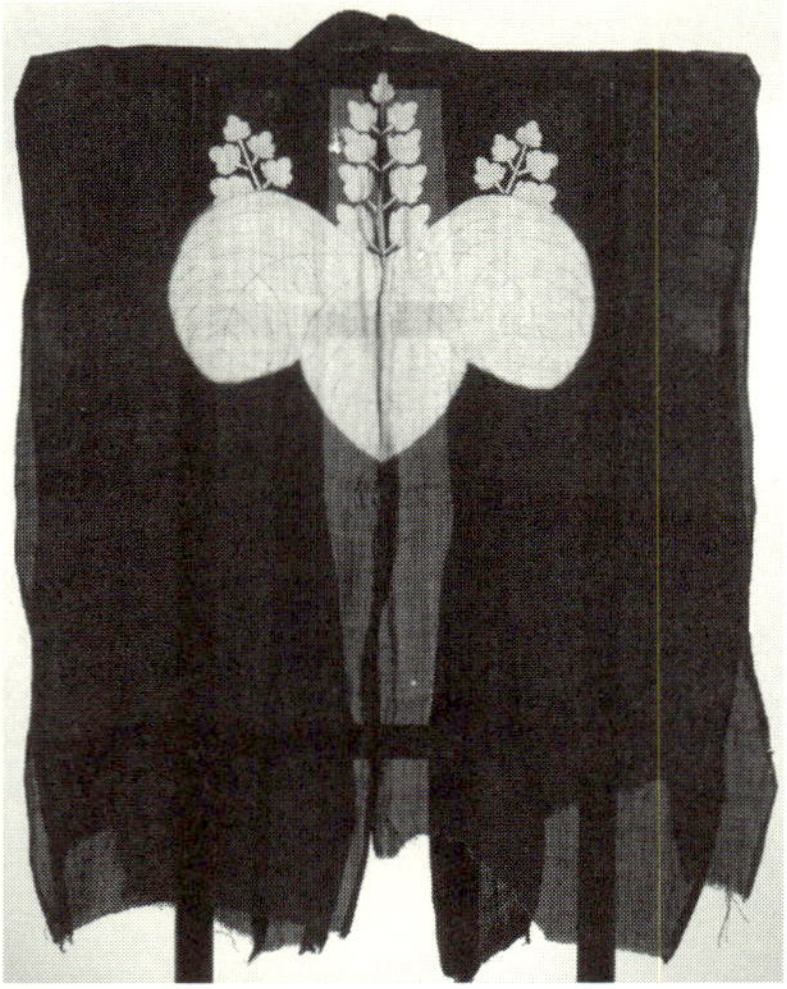

足利義昭胴肩衣　広島県福山市・常國寺蔵　広島県立歴史博物館画像提供

を続けることとなった。天正十年六月二日に信長が本能寺の変で横死するまで、毛利氏は信長と交戦することになるのである。

　では、毛利氏が義昭を受け入れるまでの三年間は、どのように理解すればよいのだろうか。これについては、信長と毛利氏は本来は友好的な関係にあったが、備中における浦上氏や宇喜多氏等の国衆が対立して、それぞれに属したため、国郡境目相論に発展して交戦することになったことが明らかにされている。結果として毛利氏は、その旗頭に義昭を迎え入れたと理解することができる。実際に、天正三年十一月に信長が右大将に任官した翌年に、吉川元春は信長に年頭の祝儀を述べている（『吉川家文書』五六一号）。そのため、天正四年の初頭においても両者は友好的な関係にあり、義昭の帰洛交渉はこの関係のうちに行われていた。その一方で、毛利氏は「和戦対策書」（『毛利家文書』三三六号）を作成して、信長との和戦両様に備えている。ここでは「弓矢に成さらざる時の事」の、すなわち講和のほうに「公方様の事」が記されている。

　以上のように、信長は義昭に頻りに帰洛を求め、毛利氏もこれを勧めるが、義昭はあくまでも信長を排除した「当家再興」を志向したために応じなかった。信長と義昭は、お互いに「当家再興」を目指していたことで政治的思惑は一致していた。しかし、ついに両者の「当家再興」と「天下静謐」に対する認識の違いの溝は埋まることはなかったのである。

「鞆幕府」の構成と信長包囲網

小早川氏が義昭主従に進上した礼銭を書き上げた天正四年の史料によると、鞆に御座所を移した義昭に随行したのは、「御局様（春日局）、細川輝経・同取次、上野秀政、畠山昭賢・同取次、真木嶋昭光・同取次、武田信景、小林家孝、曽我晴助、六角義堯・同取次・同願方、春阿弥、高五郎二郎、勝浦、牛若、御厩方、柳沢元政」だったことが記されている（『小早川家文書』二七一号）。さらに、義昭のもとに下向する者がおり、伊勢の国司家である北畠具親《ともちか》や若狭守護家の武田信景《のぶかげ》・丹波守護代家の内藤如安《じょあん》、近江守護家の六角義堯などの大名衆をはじめ、奉公衆・奉行衆・同朋衆《どうぼうしゅう》・猿楽衆・侍医・御厩方《みまやがた》・女房衆などが約五十人以上おり、幕府関係者の総勢は百名は下らなかったことが明らかにされている。

また、これらの大名衆は信長によって所領を没収されたり追放処分された旧国司・守護・守護代であり、義昭に供奉して自家再興運動を展開していたことが指摘されている。藤田達生氏は、義昭とその近臣たちを総体として「将軍義昭とその関係者一行の逗留によって、あたかも鞆の浦周辺には幕府が成立したかのような様相を呈していた」と評価し、「鞆幕府」と呼称すべきことを提起している。

義昭を受け入れることになった毛利氏は、既述のとおり当初は信長との開戦を回避するため、義昭の移座を受け入れない方針でいた。しかし、尼子勝家《かついえ》が尼子氏再興をかけて活動し、さらに毛利氏と領国を接する播磨・丹波の諸勢力が信長方に属したことから、天正四年五月七日に信長との対決を決意し、義昭を招致して決起することとなった。義昭は十六日に醍醐寺三宝院の義堯《ぎぎょう》に命じて、上杉謙信へ再度、武田・北条氏と和睦して足利氏の再興を促している（『上杉古文書』）。甲斐の武田勝頼は、義昭の講和要求を受諾して毛利氏と同盟を結んだ。さらに謙信も毛利氏と連繫することとなり、加賀一向一揆と和睦して能登へ侵攻し、加賀手取川《てどりがわ》の合戦で信長の部将柴田勝家を撃破した。このように、義昭を核とした毛利氏の遠交近攻策によって信長包囲網が形成され、信長勢力への反抗を強めた。

信長は石山本願寺と交戦状態にあり、毛利氏は本願寺を支援して兵粮を輸送した。輝元や小早川隆景は義昭の発給する御内書に副状を添えたり、毛利氏の家臣と義昭との間を取り次いでいる。吉川元春や安国寺恵瓊は義昭の近臣として活動し、さらに益田宗兼《むねかね》や三沢為虎《みさわためとら》などの毛利氏の重臣が奉公衆に補任されている。これらのことから、「毛利氏権力は、将軍家と一体化」しており、「毛利氏と一体化した『鞆幕府』は、一貫して反信長勢力の中枢として機能していた」ことが指摘されている。

信長が雑賀《さいか》一向一揆と抗戦中の天正五年初頭に、義昭は毛利輝元・小早川隆景に擁立されて山陽道から京都に向かい、吉川元春は山陰から入京する「公方様御供奉」の公儀の軍隊として上洛する軍事行動を起こした。これに呼応するかたちで、大和の松永久秀も挙兵する。対して信長は、雑賀の一向一揆を鎮圧し、部将の柴田勝家・羽柴秀吉を加賀へ派兵して謙信を牽制する。そして、久秀を討ち取ることによって、信長包囲網を打壊した。

信長は中国地方への侵攻を開始し、秀吉が信長軍の中国方面の軍事指揮官となって、宇喜多直家方の上月《こうづき》城（兵庫県佐用郡上月町）を攻めて陥落させた。毛利氏は、十一月二十七日に義昭の御動座を援用して軍勢を上月城攻略に向け、上洛戦から美作攻略へ戦線を転換した。以上のことから、毛利輝元は義昭によって「副将軍」に任じられ、輝元を支える小早川隆景と吉川元春・元長父子は、その権威に基づいて戦いを続けていることが確認できる。

「副将軍」毛利氏と西日本における将軍権威

このように、当初は義昭を受け入れない方針だった毛利氏が方針を転換したのは、既述のように、信長や周辺の諸勢力との関係の変化が大きな要因だったが、さらに、義昭の権威を積極的に利用する価値を見い出したことによるところが大きいとされる。義昭は、信長に京都を逐われた後も、天正十六年正月に落飾するまで現職の将軍として在職していた。毛利氏は、その権威を積極的に自らの領国支配に利用した。

その例として、室町将軍の栄典授与権の利用がある。義昭は毛利氏の重臣層を御供衆に加えたり、彼らに毛氈鞍覆《もうせんくらおおい》・白傘袋《しろかさぶくろ》の使用免許などの室町幕府の栄典を授与している。その際には毛利氏が仲介をしており、結果として国衆に対しての優位性が獲得され、家臣化への編成に有利に作用することとなった。

さらに毛利氏は、義昭を迎え、公権力を奉戴して「副将軍」となったことによって、毛利軍を「公儀」の軍隊の中核に位置づけて、西国の諸大名の上位に君臨する正当性を確保した。自らの領域であった中国地域と北四国・北九州、さらには丹波・摂津の一部にまで及ぶ広大な領域に影響力を行使するようになっていった。毛利領国を浸食する大友氏を牽制するために、毛利氏は義昭の政治的立場・権威を利用して、天正四年以降は義昭を介して島津氏との通交を始める。そして、連繋して大友氏を挟撃する軍事作戦について交渉している。毛利氏はこの遠交近攻策により、天正六年九月十一日に義昭の御内書の発給によって上洛の協力を求めるとともに、島津氏へ龍造寺氏と大友領へ侵攻することを要請している。一方の島津氏も、毛利氏と同様に将軍の持つ権威を政治的に利用した。島津氏も「上意」に従わない大友氏を非難するとともに、日向に進軍してきた大友軍を撃退している。このように毛利氏と島津氏は、大友氏を攻略する大義名分として義昭の権威を積極的に利用していることが確認できる（伊集守道二〇一〇）。

毛利輝元画像　東京大学史料編纂所蔵模本

義昭を奉戴した毛利氏と島津氏に挟撃されることになった大友氏は、両勢力に対抗するために信長との連携を図る。大友義統は、信長から天正七年十一月七日付の朱印状によって、毛利領国の周防・長門の支配権が認められた（「大友文書」『信文』八四七号）。さらに信長の執奏によって、「従五位下左

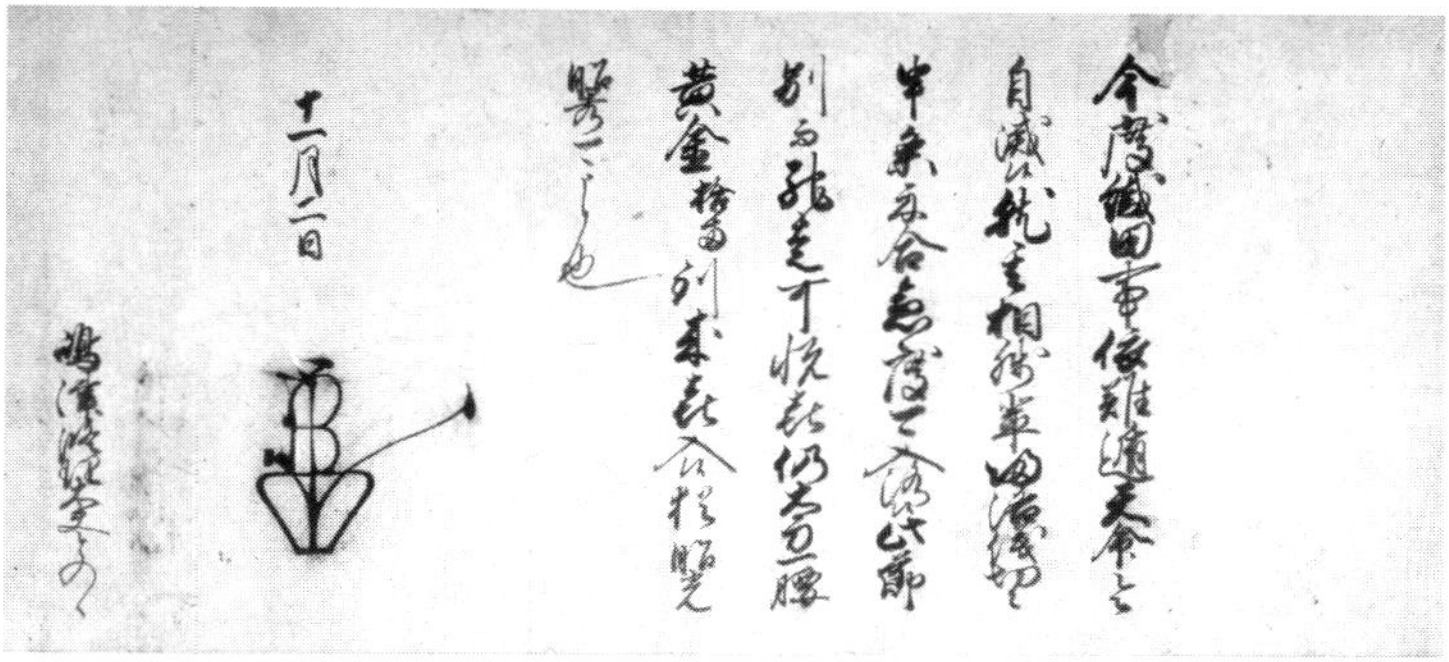

（天正 10 年）11 月 2 日付け足利義昭御内書　東京大学史料編纂所蔵島津家文書

兵衛督」の官位を得る（「大友家文書」）。当該地域は、あたかも義昭と信長の代理戦争の様相を呈する情勢となった。

「本能寺の変」とそれ以後の義昭

　天正十年六月二日に、信長が家臣の明智光秀の謀叛によって討たれる本能寺の変が起こった。このとき、備中高松城で毛利勢の清水宗治《しみずむねはる》と交戦していた羽柴秀吉は、即座に毛利氏と講和を結び、中国大返しによって畿内に攻め上る。そして、十三日に山崎の合戦で光秀を討伐することによって信長の弔い合戦を征した。義昭は、十三日付けの毛利方の乃美宗勝《のみむねかつ》宛て御内書で、「信長を討ち果たすうえは、入洛の儀、急度御馳走の由、輝元・隆景に対し申し遣わす条」（「本法寺文書」）と命じている。また、「今度織田の事天命遁れ難きにより、自滅せしめ候、其れに就き相残る輩、帰洛の儀切々申す条、示し合わせ、急度入洛すべく候（『島津家文書』九〇号）と述べている。

　本能寺の変の背景については、義昭が光秀や旧幕臣と連繫したとする「義昭黒幕説」が唱えられ、義昭と光秀をはじめとした旧幕府派勢力による一大クーデターであるとの説が提唱されている（染谷克広一九八九・藤田達生二〇〇一）。しかし、「鞆幕府」の幕府権限の継続性も含めて、否定的な見解が示されている（谷口克広二〇〇七）。

本能寺の変後、秀吉は清須会議《きよすかいぎ》で信長の嫡孫である三法師《さんぼうし》を織田家の家督に擁立し、大徳寺で信長の葬儀を執り行って信長の後継者としての地位を確立する。義昭は山崎の合戦後は秀吉に音信して、「おのれ《己》をして、天下の君とならしめんことを羽柴に請」うて京都帰還を計画するが、秀吉から返答がなされずに黙殺されたことが、フロイスの『日本史』に記されている。織田家の宿老だった柴田勝家は信長の遺子信孝《のぶたか》を擁立し、吉川元春と盟約する。そして秀吉を牽制するために、義昭・毛利氏との連繋を謀って輝元・元春に出兵を要請した（三月四日付け真木嶋昭光宛柴田勝家書状「古證文」）。義昭も勝家に与して勝家と越後上杉氏とを講和させる（「木村文書」）。その一方で、小早川隆景は秀吉と通交しており、毛利家では秀吉に対して主戦・講和の硬軟両様の策が取られていた。

また、三河の徳川家康からも、天正十一年二月十四日付けで輝元に「公方様の御帰洛の儀」「拙者の儀、各次第に候条、聊も無沙汰存ぜず候」（『毛利家文書』一〇一四号）と、帰洛要請を受諾されている。義昭の京都帰還に向けて、協力する大名も現れていた。しかし、天正十一年四月の賤ヶ岳《しずがたけ》の合戦で勝家が秀吉に敗れることとなり、天正十五年五月に秀吉からの帰京要請があるまで、義昭は引き続き鞆に滞在することとなった。

以上のように義昭は、鞆に落ち延びて以降も常に大名間和平調停を推進して、政局の中心に居続けたといえる。将軍権威は大名権力に超越する権威として存在し、実際に講和を実現させている。このように義昭によって軍事同盟が締結されて機能していたことから、実態として将軍権威は存在していたといえるだろう。しかし、「鞆幕府」は本来の「天下」における中央政権としての機能を喪失していたことから、従来の「室町幕府」とは峻別して捉える必要性はある。

義昭は鞆に滞在している間も、引き続いて大名間和平調停を実現化させて信長包囲網を形成し、信長を討伐して「当家再興」を図る。京都から流浪した将軍が、大名権力を背景として再び上洛を遂げることは、過去の歴代将軍にも往々にしてあったことである。結果論を知る我々からすると、このことは「義昭の夢」と思われがちだが、義昭からするとこれは絵空事ではなく、きわめて現実的なことであったと考えられる。そして何よりも、南都から逃れて近江・若狭・越前を流浪の後に信長を供奉して上洛を遂げ、三好勢を征討することによって征夷大将軍に就任した自らの成功体験がある。義昭の評価は、信長が「天下統一」の実現を目指して邁進した「英雄」として評価されてきた一方で、信長に抗い室町幕府を滅ぼされて最後の将軍となった「敗者」としての見方をされてきた。

たしかに、所領政策の破綻による幕臣の分裂や、久秀と順慶や信長・信玄との対立を自ら招いたバランス感覚に欠ける点はあったであろう。したがって、これらの政策の失敗によって幕府は「御自滅」したといえる。しかし、義昭は足利将軍家嫡流としての権威を基に、宿敵の三好三人衆を征討することによって、母兄弟の敵を討つことに成功している。さらに、自らが補任した守護によって防衛ラインを構築して、三好勢の京都への侵攻を阻止することに成功し、彼にとっての「天下静謐」を実現化させた。それを維持するために、信長へ「天下静謐維持権」を委任したことは、室町幕府将軍の最大の欠点を補い、将軍としての地位を保つための本能的な機能であったといえる。

これによって、将軍に就任した永禄十一年十月から天正元年七月までの五年間は、京都から諸国へ流浪することなく、「天下」の主宰者として君臨し続けることができたのである。そして旧来の幕府を再興させる明確な政権構想を持ち、「天下諸侍御主」として管領—守護・大名等による体制の再構築を図ったのであった。また、信長との対立でも、歴史に「もしも」はないが、「もしも」信玄の死去と義景の撤退による信長包囲網の崩壊がなければ、信長を追い詰めることに成功して、信玄へ新たに「天下静謐維持権」を委任させていた可能性も考えられるであろう。

義昭は鞆に落ち退いて以降も、現職将軍としてその将軍権威を最大限に活用し、大名間和平調停を時として実現化させて、最終的には信長に対抗して決戦を臨み続けた征夷大将軍だったのである。

終章　義昭の「天下」と信長の「天下」

織田信長の尾張統一は、永禄二年の春頃と考えられている。それと前後して信長は、二月二日に上洛して将軍義輝に拝謁した。まだ尾張一国のみの国主となるばかりの信長に、将軍と「天下」はどのように映ったであろうか。本書の冒頭で述べたとおり、時に義輝は二十四歳、信長は二十六歳である。『言継卿記』によると、信長はわずか二〇〇人ほどの供廻りを従えただけで上洛したとある。このときには義輝と三好長慶は和睦しており、長年続いた足利将軍家と管領細川氏や三好氏との抗争が終結して「天下」に平穏が訪れ、「天下静謐」が達成されているときであった。信長に前後して越後の上杉謙信や美濃の斎藤義龍も上洛しており、将軍や管領の幕府権威を背景とせず、独自に権力を確立して「北斗泰山《ほくとたいざん》」と称された長慶を従え、「分国」を統治する三人の戦国大名の上洛を迎え入れた義輝の将軍権威は、「天下諸侍御主」としてまさに絶頂期にあったといってよい時期である。

そして義輝は、自らが掌握した京都を当代随一の絵師である狩野永徳《かのうえいとく》に注文して一双の屏風に描かせた。この屏風絵は、江戸期に米沢《よねざわ》藩主となった上杉家に伝来し、現在は国宝に指定されている上杉家本「洛中洛外図」として世に知られる、日本美術史上における傑作である。この絵は、その後に義輝の弟である義昭に「供奉」して再び上洛した信長の目に触れるところとなり、義昭追放後に「天下」を取り鎮めてその主宰者となった信長から、天正二年に越後の上杉謙信に贈られた。

この屏風絵は、描かれている建築物や風景から永禄四年頃の京都を描いたものと考えられている。中央で闘鶏《とうけい》を見物している少年が、注文主である義輝の幼少期であることが指摘されている。さらに、絵の中には義輝のもとへ向かう輿が描かれている。これこそが謙信で、義輝が謙信に幕府の管領となるメッセージを込めて贈る予定で描かせたとする可能性が、黒田日出男氏によって類推されている。しかし、屏風絵が完成する前に「永禄の政変」が起きて義輝が謀殺されたため、義輝や謙信に行き渡らずに永徳の手許に残ることとなった。その後、信長は京都でこの絵を接見し、信長の手によって謙信に贈られることとなった。黒田氏の説に基づくならば、信長は義輝の遺志を継いだことになるであろうし、または謙信に自らが「天下」の主宰者となったことを政治的に示す目的があったということになるであろうか。現代社会に生きる我々には、真意のほどはもはや知るよしもない。

しかし、天正九年三月に行われた馬揃えで信長は、上洛戦の褒賞として義昭から授かった足利家の家紋をあしらった衣服を着用して、「天下人」として足利将軍家の継承性を誇示している。政策的にも、土佐の長宗我部《ちょうそかべ》元親《もとちか》の子息孫三郎（信親《のぶちか》）への「信」字の偏諱授与や、原田直政の大和守護補任、さらに大友義統への「分国」支配権の承認など、足利将軍が行っていた栄典授与権や権限を掌握し、大名間和平調停も行っている。そして、天正三年十一月には従三位権大納言となり、官制上、義昭が永禄十二年六月二十二日に補任された官職と同等になる。

信長は、将軍が行う武家への官位執奏や偏諱などの栄典授与権を掌握し、足利将軍が行った蘭奢待《らんじゃたい》の切り取り、源頼朝が任官した右大将になるなど、将軍が行っていたことを継承する。また、信長が

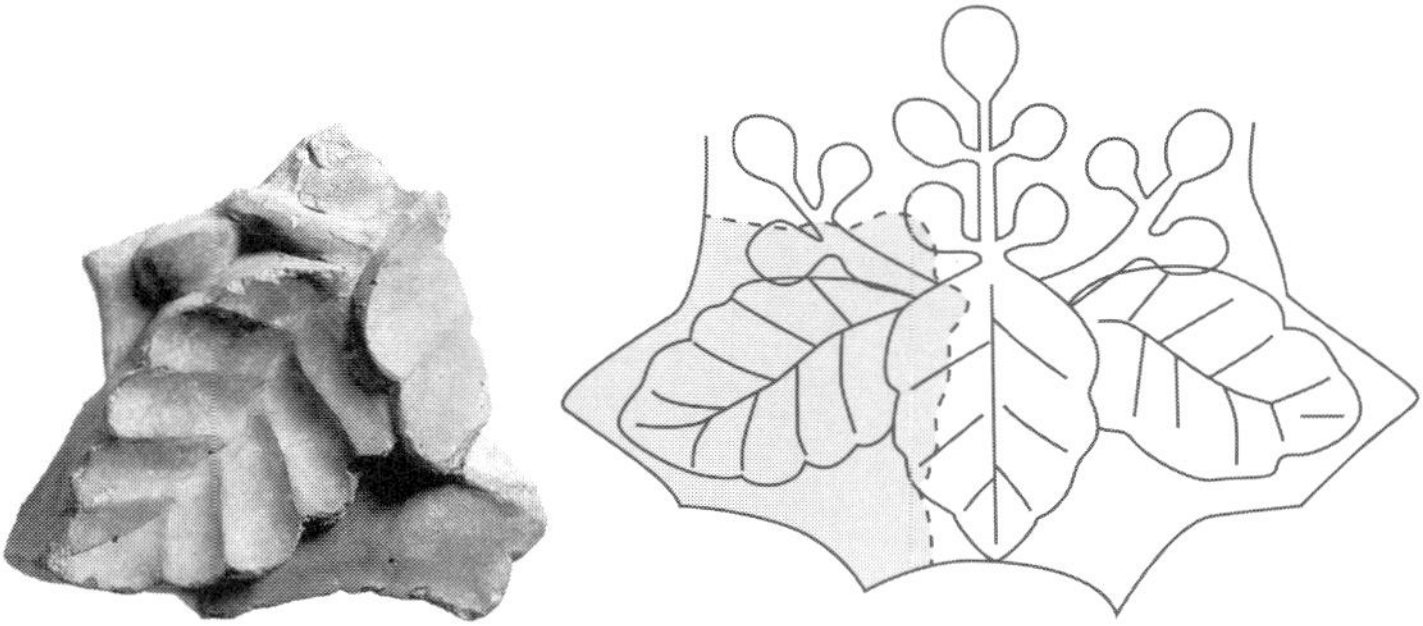

左：安土城から出土した桐紋瓦　滋賀県教育委員会蔵　右：桐紋瓦復元図

晩年に築いて居城とした安土城には、桐紋をあしらった瓦を使用していた。桐紋は、もともとは天皇家の家紋であるが、足利将軍家に下賜されたものである。家紋を瓦に使用することは、往来を通る人々にその家主が誰であるかを知らしめることができ、信長は将軍家を継ぐ存在であることを誇示したものと考えられる。

信長は義昭の帰洛拒否により、旧幕府方の勢力や長年敵対していた本願寺を征圧して、義昭が「棄て」置いた「天下」を取り鎮めて、自らが主宰者となることを選択する。これらによって、信長は「天下」の領主となり、他国の大名からも「上様」と呼称され、天正三年末までには公認された「公権力」として機能するようになり、織田権力は中央政権としての体制と威容を次第に調えていった。信長は、最終的に朝廷から天正十年五月に征夷大将軍を含めた太政大臣・関白の三職が推任され、名実ともに武家の棟梁として処遇される。信長の治世は、当該期の公家から「公武一統之御政道」（「柳原家記録」醍醐寺理性院尭助宛て三条西実澄消息）と称される政治を展開したのであった。

あとがき

先に筆者は、指導教授であり恩師の神田千里先生の御高著『織田信長』（ちくま新書）の書評を『白山史学』で執筆させていただく機会をいただいた。神田先生は信長に対する既存のイメージを、「信長の箱」と表現した。書評では最後に、その「箱」を開ける「鍵」としていくつかの論点となる事項を整理して記し、問題提起をする形で締めくくった。本書はその「鍵」を基にして、より具体的に「義昭は信長の傀儡で、政治・軍事的な主体性はなかった」「義昭は信長を敵視し、対立的な関係だった」と見なされてきた「義昭の箱」を開けることを志したものである。

本書のベースになっている拙稿は、①『歴史評論』、②『栃木史学』、③拙編著『足利義昭』（戎光祥出版）総論、④『日本歴史』、⑤『白山史学』、⑥『戦国史研究』の、各学会誌等に掲載させていただいた論文である。①では義昭政権の実態を明らかにしたうえで信長との関係をテーマとして、②では幕府の内部構造について分析した。ここでは紙幅の関係もあって、義昭政権の軍事的な側面については充分に論じることができなかった。そこで、これについて中心的に検討したのが⑤である。

筆者はそれまでの①②で、義昭と信長は対立的な関係ではなく、実際には協調的な関係にあったことを明らかにしてきた。しかし、義昭は結果として信長に対して「御逆心」し、蜂起して対立する。従前の「対立史観」に基づいた関係論を排除して、この「義昭の箱」を開けてなぜ対立することになったのかの答えを示さなければ、「協調関係論」を述べてきた筆者としてはいかにも無責任であると考えていた。そこで、信長と対立する要因も含めてあらためて両者の関係性を京都支配の実態から見直したのが④であり、さらにそのうえで周囲の政治情勢も踏まえて義昭が蜂起する政治的背景について検討したのが⑥である。

先の①②③以降、神田先生・山田康弘氏の戦国期における将軍と大名との関係についての著書をはじめとして優れた研究書・論文が相次いで表され、当該期の幕府や将軍権力に関する研究が飛躍的に進展した。実は④⑤⑥の基になる論文は二〇一三年に執筆していたが、諸般の事情もあって公表には至らなかった。しかしそれが幸いして、その後に公表された最新の研究成果を参照することができ、もともと四〇〇字詰原稿用紙九〇枚一編だった論文は、一五〇枚三編の論文に基の持論に修正を加えて詳論することができた。

本書の中心的な論点は、①義昭・信長の政権構想、②「元亀の争乱」の再検討、③義昭政権が滅亡に至る政治的背景、の三点に大きく分けることができる。そして一番のキーワードとなるのが「天下静謐」ということになる。この点については、永禄十三年の「五ヶ条の条書」における「天下之儀」の委任を、「軍事による成敗権」とする解釈がもっとも重要な論点となるが、金子拓氏の見解以外は見受けられなかった。そこでこの問題については、折しも二〇一六年十一月の白山史学会大会で金子先生を交えた「織田信長像再考」と題したシンポジウムが開催されることになり、そこで口答発表する機会をいただいたこともあって、あらためて論文として⑤で著すこととし、それまでの①②③や並行して執筆していた④⑥の要点をまとめたのが本書である。本書の結論としては、幕府や諸大名との関係において信長は、それまでの秩序を破壊した「革命児」であったり、あるいは他大名を打倒する好戦的な野望家というよりも、むしろ実際には旧来の秩序を回復して本来の将軍―大名による幕府体制を再興することを志向した、復古的で保守的な政治家だったといえるであろう。そして義昭と信長は、政治的にも軍事的にも協調関係にあったことを論証できたものと考えているが、本書も含めて評価とご判断は読書の皆様にお任せする次第である。

当初は③を基にして幕府の内部構造をより具体的に検討する予定でいたが、④⑤⑥を執筆していくうちに信長との関係でまとめたほうが一般の読者の方々の関心が高いであろうことに気づき、大幅に書き直した。そのため当初の刊行予定が大変遅れることになってしまい、出版元の戎光祥出版様には多大なご迷惑をおかけすることになってしまった。この間も、本書の脱稿を辛抱強くお待ちいただいた代表取締役社長の伊藤光祥氏と編集御担当の丸山裕之氏・石渡洋平氏には、深くお詫び申し上げるとともに深謝申し上げる次第です。

以上の経緯によって本書が刊行されるに至ったわけであるが、研究の根本は新しい発見の「新知見」を表すことや、それまで「定説」とされていることに立ち向かって「新説」を打ち出すことにある。ことに歴史学は、〝定説〟とされる「歴史的な常識」や〝通説〟に対して、先入観を排除したうえで史料と向き合い、そこからより蓋然性の高い〝史実〟を見出し、学説として立論し実証する学問であるといえる。

これは個人的な事柄であるが、筆者は音楽を聴くことが趣味であり、何かと物事をする傍ら、いわるゆるロックを聴いて育ってきた。その基本は反逆やリベンジの精神であるといえるであろう。とりわけ洋楽中心のリスナーである筆者にとって、これまでの人生の実に三分の二以上の三十五年間にわたって絶えず聴き続けてきたのは、唯一邦楽の今や伝説のバンドとも称される「ＢＯΦＷＹ」であり、バンド解散後のソロも含めて氷室京介さんの楽曲であった。実際的にはバンド時代よりもソロ活動期の方を長く聴き続けている訳であるが、まさしく「定説」に立ち向かい「新説」を表す姿勢や、リベンジの精神を示してくれたのは、氷室さんであったように思う。これまで筆者の精神的な面で支え続けてきた楽曲を創り出してこられた氷室さんに、末筆ながら心から感謝申し上げる次第である。

二〇一七年七月二十一日　初校を終えて

久野雅司

【主要参考文献】

〈史料〉

『大日本史料』第十編（東京大学史料編纂所編、東京大学出版会）
『増訂織田信長文書の研究』（奥野高広著、吉川弘文館、一九八八年）
『織田信長の古文書』（山本博文・堀新・曽根勇二編、柏書房、二〇一六年）
『信長からの手紙』（熊本県立美術館、平成二十五年展示図録、二〇一四年）
『信長文書の世界』（滋賀県立安土城考古博物館、平成十二年展示図録、二〇〇〇年）
『室町最後の将軍足利義昭と織田信長』（同右、平成二十二年展示図録、二〇一〇年）
『大日本古文書』家分け（「相良家文書」「上杉家文書」「毛利家文書」「吉川家文書」「石見吉川家文書」「小早川家文書」「伊達家文書」「益田家文書」「島津家文書」、東京大学出版会）
『愛知県史』資料編「中世・織豊」（愛知県史編さん委員会編）
『山梨県史』通史編・資料編「中世」（山梨県編）
『戦国遺文』武田氏編（柴辻俊六・黒田基樹・丸島和洋編、東京堂出版）
『戦国遺文』三好氏編（天野忠幸編、東京堂出版）
『謙信公御書集』（「東京大学文学部所蔵」印影本、臨川書店、一九九五年）
『歴代古案』（羽下徳彦・阿部洋輔・金子達校訂「史料纂集」、続群書類従完成会・八木書店）
『原本信長記』（太田牛一著「池田家本」影印本、福武書店、一九八〇年）
『信長公記』（太田牛一著「陽明文庫本」奥野高広・岩沢愿彦校注、角川文庫、一九六九年）

『当代記』（「史籍雑纂」、続群書類従完成会、一九九五年）
『甲陽軍鑑』（酒井憲二郎編著『甲陽軍鑑大成』、及古書院、一九九四・一九九七年）
『群書類従』（塙保己一編「足利季世記」「細川両家記」「続応仁後記」「重編応仁記」、続群書類従完成会）
『続群書類従』（塙保己一編「お湯殿の上の日記」、続群書類従完成会）
『綿考輯録』（「細川家記」石田晴男ほか編「出水叢書」、汲古書院、一九八八年）
『言継卿記』（山科言継著、続群書類従完成会）
『兼見卿記』（吉田兼見著「史料纂集」斎木一馬・染谷光広校訂、金子拓・遠藤珠紀新訂増補校訂、八木書店）
『二条宴乗記』（二条宴乗著、『ビブリア』天理大学図書館、五二・五四・六〇～六二号）
『多聞院日記』（多聞院英俊著「続史料大成」竹内理三編、臨川書店）
『大系真宗史料』（真宗史料刊行会編、法蔵館）
『日本史』（ルイス・フロイス著・松田毅一・川崎桃太訳、五畿内編、中央公論社、一九七八・一八九一年）
『日本西教史』（ジャン・クラッセ著、太政官本局翻訳係、太陽堂書店、一九三一年）
『イエズス会日本年報』（村上直次郎訳、雄松書店、一九六九年）

〈著書・論文〉
相田二郎『日本の古文書』（岩波書店、一九六二年）
朝尾直弘「将軍権力の創出」（『歴史評論』第二四一・二六六・二九三号、一九七〇～七四年。のちに同著『将軍権力の創出』岩波書店、一九九四年に再録）

天野忠幸『三好長慶』（ミネルヴァ書房、二〇一四年）
同　『増補版戦国期三好政権の研究』（清文堂出版、二〇一五年）
同　『三好一族と織田信長』（戎光祥出版、二〇一六年）
同　「織田信長の上洛と三好氏の動向」（『日本歴史』第八一五号、二〇一六年）
池上裕子『織田信長』（吉川弘文館、二〇一二年）
石崎健治「足利義昭期室町幕府の奉行人奉書と織田信朱印状の関係について」（『金沢学院大学美術文化学部年報文化財論考』創刊号、二〇〇一年）
同　「織田信長『麟』字型花押の含意」（『日本歴史』第六六四号、二〇〇三年）
伊集守道「天正期島津氏の領国拡大と足利義昭の関係」（『九州史学』第一五七号、二〇一〇年。のち新名一仁編『薩摩島津氏』戎光祥出版、二〇一四年に再録）
依藤　保「奉書文言としての『仍執達如件』―織田信長禁制を素材―」（『歴史と神戸』五五―二、二〇一六年）
稲葉継陽「織田信長研究の最前線―信長の『天下』をめぐって―」（『Ｋｕｍａｍｏｔｏ地方経済情報』第五十三号、二〇一六年）
今谷　明『室町幕府解体過程の研究』（岩波書店、一九八五年）
同　『戦国期の室町幕府』（角川書店、一九七五年。二〇〇六年に講談社学術文庫から再刊）
同　『三好一族』（新人物往来社、一九八五年。二〇〇七年に洋泉社から再刊）
同　『京都・一五四七年』（平凡社、一九八八年。二〇〇三年に平凡社ライブラリーより再刊）
今谷　明・天野忠幸監修『三好長慶』（宮帯出版社、二〇一三年）

上島　有　『中世花押の謎を解く』（山川出版社、二〇〇四年）
臼井　進　「室町幕府と織田政権の関係について―足利義昭宛の条書を素材にして―」（『史叢』五十四・五十五合併号、一九九五年。久野雅司編著『足利義昭』戎光祥出版、二〇一五年〈以下、『義昭論集』と略記〉に再録）
同　「織田信長と上洛経路」（『日本歴史』第七八五号、二〇一三年）
奥野高広　『足利義昭』（吉川弘文館、一九六〇年）
金子　拓　『織田信長〈天下人〉の実像』（講談社現代新書、二〇一四年）
同　編　『織田信長の見た「夢」』（『新発見！週刊日本の歴史』戦国時代③、朝日新聞社、二〇一三年）
片山正彦　「『江濃越一和』と関白二条晴良」（『戦国史研究』第五十三号、二〇〇七年）
蕪木宏幸　「足利義昭の研究序説」（『書状研究』第十六号、二〇〇三年）
鴨川達夫　『武田信玄と勝頼』（岩波書店、二〇〇七年）
同　「元亀年間の武田信玄」（『東京大学史料編纂所研究紀要』第二十二号、二〇一二年）。
川元奈々　「将軍足利義昭期における幕府構造の研究―奉公衆を中心として―」（『織豊期研究』第十二号、二〇一〇年。のち『義昭論集』に再録）
同　「足利義昭・織田信長政権の訴訟対応と発給文書」（『ヒストリア』第二五九号、二〇一六年）
同　「足利義昭・織田信長と京郊の在地社会―曇華院飯山城国大住庄を事例として―」（『都市文化研究』第十九号、二〇一七年）
神田千里　『織田信長』（ちくま新書、二〇一四年）

同　「織田政権の支配の論理に関する一考察」（『東洋大学文学部紀要』史学科篇、第二十七号、二〇〇二年。のち同著『戦国時代の自力と救済』吉川弘文館、二〇一三年に再録）
同　「中世末の『天下』について」（『武田氏研究』第四十二号、二〇一〇年。のち同著『戦国時代の自力と秩序』〈右同〉に再録）
神田裕理　「元亀年間の関白と将軍―元亀二年伊勢神宮禰宜職相論を中心に―」（『十六世紀史論叢』第四号、二〇一五年）
木下聡　「『足利義昭入洛記』と織田信長の上洛について」（田島公編『禁裏・公家文庫研究』第五輯、二〇一五年）
木下昌規　「織田権力の京都支配」（同著『戦国期足利将軍家の権力構造』（岩田書院、二〇一四年）
同　「信長は、将軍義昭を操っていたのか」（日本史史料研究会編『信長研究の最前線』（洋泉社、二〇一四年）
桐野作人　『織田信長』（新人物往来社、二〇一一年）
功刀俊宏　「織田権力の若狭支配」（戦国史研究会『織田権力の領域支配』岩田書院、二〇一一年）
同　「足利義昭・織田信長による若狭武田氏への政策について」（『白山史学』第五十三号、二〇一七年）
久野雅司　「足利義昭政権の研究」（『義昭論集』総論）
拙稿　「足利義昭政権と織田政権―京都支配の検討を中心として―」（『歴史評論』第六四〇号、二〇〇三年。のち『義昭論集』に再録）
拙稿　「足利義昭政権論」（『栃木史学』第二十三号、二〇〇九年。のち『義昭論集』に再録）
拙稿　「織田政権の京都支配における奉行人についての基礎的考察」（『いわき明星大学人文学部研究紀要』第二十八号、二〇一五年）

拙　稿「京都における織田信長の相論裁許と室町幕府」（『日本歴史』第八二八号、二〇一七年）
拙　稿「織田信長と足利義昭の軍事的関係について」（『白山史学』第五十三号、二〇一七年）
拙　稿「足利義昭政権滅亡の政治的背景」（『戦国史研究』第七十四号、二〇一七年）
久保尚文「和田惟政関係文書について」（『京都歴史資料館紀要』創刊号、一九八四年。のち『義昭論集』に再録）
黒嶋　敏「『光源院殿御代当参衆并足軽以下衆覚』を読む―足利義昭の政権構想―」（『東京大学史料編纂所研究紀要』第十四号、二〇〇四年。のち同著『中世の権力と列島』高志書院、二〇一一年に再録）
黒田日出男『謎解き洛中洛外図』（岩波書店、一九九六年）
桑田忠親『織田信長』（角川書店、一九六四年）
同『流浪将軍足利義昭』（講談社、一九八五年）
佐藤進一『花押を読む』増補（平凡社、二〇〇〇年）
柴　裕之「戦国大名武田氏の遠江・三河侵攻再考」（『武田氏研究』第三十七号、二〇〇七年。のち同著『戦国・織豊期大名徳川氏の領国支配』岩田書院、二〇一四年に再録）
同「織田・毛利開戦の要因」（『戦国史研究』第六十八号、二〇一四年）
同「足利義昭政権と武田信玄」（『日本歴史』第八一七号、二〇一六年）
同「永禄の政変の一様相」（『戦国史研究』第七十二号、二〇一六年）
柴辻俊六「『甲陽軍艦』収録文書の再検討」（『武田氏研究』第四十九号、二〇一三年）
司馬遼太郎『街道を行く』（第三十二巻「阿波紀行」朝日文芸文庫、一九九三年）
清水克行「『御所巻』考―異議申し立ての法慣習―」（同著『室町社会の騒擾と秩序』吉川弘文館、二〇〇四年）

水藤　真　『朝倉義景』吉川弘文館、一九八一年
瀬田克哉　『洛中洛外の群像―失われた中世京都へ―』増補（平凡社、二〇〇九年）
染谷光広　「織田政権と足利義昭の奉公衆・奉行人との関係について」（『国史学』第一一〇・一一一合併号、一九八〇年。のち藤木久志編『織田政権の研究』吉川弘文館、一九八五年に再録）
　同　　　「本能寺の変の黒幕は足利義昭か」（別冊歴史読本『明智光秀野望本能寺の変』新人物往来社、一九八九年）
高木叙子　「天下人『信長』の実像Ⅰ」（『湖国と文化』第一四六号、二〇一四年）
高木傭太郎　「織田政権における「天下」について」（名古屋大学大学院研究科『院生論集』第九号、一九八〇年。のち藤木久志編『織田政権の研究』吉川弘文館、一九八五年に再録）
高梨真行　「永禄政変後の室町幕府政所と摂津晴門・伊勢貞興の動向―東京国立博物館所蔵「古文書」所収三淵藤英書状を題材にして―」（東京国立博物館『MUSEUM』第五九二号、二〇〇四年）
田中義成　『織田時代史』（明治書院、一九二四年。一九八〇年に講談社学術文庫より再刊）
立花京子　「織田信長の全国制覇正当化の大義、天下静謐執行について」（『歴史学研究』第六九五号、一九九七年。のち同著『信長権力と朝廷』第二版、岩田書院、二〇〇二年に再録）
谷口克広　『織田信長家臣人名辞典』第二版（吉川弘文館、二〇一〇年）
　同　　　『織田信長合戦全録』（中公新書、二〇〇二年）
　同　　　『信長の天下布武への道』（吉川弘文館、二〇〇六年）
　同　　　『検証本能寺の変』（吉川弘文館、二〇〇七年）

同　　　　『信長と将軍義昭』（中公新書、二〇一四年）
長　節子　「所謂『永禄六年諸役人附』について」（『史学文学』四―一、一九六二年）
徳富蘇峰　『織田信長』（『近世日本国民史』民友社、一九一八年。一九八〇年に講談社学術文庫より再刊）
長江正一　『三好長慶』（吉川弘文館、一九六八年）
橋本政宣　「織田信長と朝廷」（『日本歴史』第四〇五号、一九八二年。のち同著『近世公家社会の研究』吉川弘文館、二〇〇二年に再録）
同　　　　「正親町天皇宸筆写の武田信玄書状」（『書状研究』第十七号、二〇〇四年）
藤田達生　『本能寺の変の群像』（雄山閣、二〇〇一年）
同　　　　『謎とき本能寺の変』（講談社現代新書、二〇〇三年）
同　　　　「『鞆幕府』論」（『芸備地方史研究』第二六八・二六九合併号、二〇一〇年）
二木謙一　『中世武家儀礼の研究』（吉川弘文館、一九八五年）
同　　　　『武家儀礼格式の研究』（吉川弘文館、二〇〇三年）
堀　新　　「織田信長と勅命講和」（歴史学研究会編『戦争と平和の中近世史』青木書店、二〇〇一年。のち同著『織豊期王権論』校倉書房、二〇一一年に再録）
同　　　　「織田信長の桐紋拝領と『信長公記』」（金子拓編『『信長記』と信長・秀吉の時代』勉誠出版、二〇一二年）
同　　　　「織田政権論」（岩波講座『日本歴史』岩波書店、二〇一四年）
松下　浩　『織田信長その虚像と実像』（サンライズ出版、二〇一四年）
水野　嶺　「足利義昭の栄典・諸免許の授与」（『国史学』第二一一号、二〇一三年。のち『義昭論集』に再録）

同　　　「織田信長禁制にみる幕府勢力圏」（『織豊期研究』第十八号、二〇一六年）
村井祐樹「幻の信長上洛作戦―出せなかった書状／新出「米田文書」の紹介をかねて―」（『古文書研究』第七十八号、二〇一四年）
山田邦明『戦国の活力』（小学館、二〇〇八年）
山田康弘『戦国期の室町幕府と将軍』（吉川弘文館、二〇〇〇年）
同　　　「将軍義輝殺害事件に関する一考察」（『戦国史研究』第四十三号、二〇〇二年）
同　　　「戦国期幕府奉行人奉書と信長朱印状」（『古文書研究』第六十五号、二〇〇八年。のち『義昭論集』に再録）
同　　　『戦国時代の足利将軍』（吉川弘文館、二〇一一年）
若松和三郎『篠原長房』（原田印刷出版、一九八九年。二〇一三年に戎光祥出版から『戦国三好氏と篠原長房』として再刊）
脇田　修『織田信長』（中公新書、一九八七年）
同　　　「織田政権と室町幕府」（時野谷勝教授退官記念事業会編『日本史論集』清文堂出版、一九七五年。のち同著『織田政権の基礎構造』東京大学出版会、一九七七年に再録）
渡辺世祐「足利義昭と織田信長との関係に就いての研究」（『史学雑誌』二二―一、一九一一年。のち『義昭論集』に再録）
同　　　「上洛前の足利義昭と織田信長」（『史学雑誌』二九―二、一九一八年。のち『義昭論集』に再録）

年号	西暦	月日	事項
明応2	一四九三	4月22日	室町幕府の管領細川政元が、第十代将軍の足利義稙を京都から追放して、義澄を第十一代将軍に擁立する（明応の政変）。細川政権（「京兆専制」）樹立。将軍家が、「朽木武家」（「江州大樹」）と「堺武家」（「阿波公方」）の二派に分裂する。
永正3	一五〇六	2月19日	阿波国守護の細川澄元に属して、三好之長（長慶の曾祖父）が上洛。
大永2	一五二二	2月13日	三好長慶、元長（之長の孫）の長男として阿波国三好郡で生まれる（幼名千熊丸）。
享禄4	一五三一	6月4日	元長、細川高国を滅ぼす（「大物崩れ」）。山城国下五郡の守護代となる。
享禄5	一五三二	6月21日	元長、三好政長・木沢長政・一向一揆によって謀殺される。長慶、堺から阿波に逃れて家督を継ぐ。
天文2	一五三三	6月21日	長慶、細川晴元と本願寺との抗争（享禄・天文の乱）で和睦を周旋する。この直後に、長慶元服。
天文3	一五三四	5月12日	織田信長、織田信秀の嫡男として出生（11日、28日とする諸説あり）。
天文5	一五三六	3月10日	足利義輝、室町幕府第十二代将軍足利義晴と近衛尚通娘（出家して慶寿院）の嫡男として出生する（幼名菊童丸）。
天文6	一五三七	11月3日	足利義昭、義晴の次男として出生する（幼名千歳丸ヵ。母は近衛尚通娘）。
天文8	一五三九	正月25日	長慶、晴元に河内十七ヶ所の代官職を求めるが、反対されたため対立する。
天文11	一五四一	11月20日	義昭、近衛稙家の猶子となり、大和興福寺一乗院に入室する（出家して覚慶）。
天文15	一五四六	7月21日	長慶、晴元軍として、舎利寺の合戦で細川氏綱・遊佐長教の軍勢を敗る。この夏に義晴は、氏綱・畠山政国・長教等と通じて、晴元の排斥を図る。義晴、義輝とともに近江に逃れる。
		12月20日	義晴、将軍職を継嗣の義輝に譲る。義輝、日吉神社で元服式を執り行い、第十三代将軍に就任する。
天文16	一五四七	閏7月1日	義晴・義輝、晴元と和睦して京都に帰還する。
天文17	一五四八	4月24日	六角定頼の斡旋によって、晴元・長慶と氏綱らが和睦する。
		10月28日	長慶、晴元に三好政長の追討を願い出るが聞き入られず、氏綱等と組んで「謀叛」する。
天文18	一五四九	6月12日	義晴・義輝・晴元と、長慶が摂津国江口で合戦する。長慶が勝利し、三好政権を横立。義晴・義輝は近江に逃れる。
天文19	一五五〇	5月4日	近江国穴太で義晴が死去する。
天文21	一五五二	正月28日	義輝、六角義賢の斡旋により、長慶と和睦して帰洛する。

天文22	一五五三	2月26日	義輝、帰洛後に長慶を「御供衆」とする。
		3月8日	義輝・晴元、長慶・松永久秀と対立。義輝、山城霊山城に入城して挙兵するが、敗れて近江に逃れる。
永禄元	一五五八	6月4日	義輝、三好長逸・実休らと合戦するが、敗れる。この間に、長慶は芥川城を居城とする。
		11月27日	義賢の斡旋により、義輝と長慶が和睦。この後、義輝は京都に帰還する。
		12月18日	三好義興（長慶の嫡男）に「義」を偏諱する（義長に改名、のち義興）。
		12月23日	義輝、近衛稙家の娘を正室に迎える。九州・中国・東海・甲信越地域の大名間和平調停を推進する。
永禄2	一五五九	2月2日	織田信長が上洛して、義輝に拝謁する。
		4月27日	上杉謙信と斎藤義龍が上洛する。
永禄3	一五六〇	正月21日	長慶は「御相伴衆」となり、義興・久秀は「御伴衆」になる。
		2月1日	長慶父子・久秀は足利家の桐紋が下賜され、長慶は「修理大夫」に、義興は「筑前守」となる。
		10月27日	長慶、河内守護の畠山高政と合戦し、河内を勢力下に治める。また、久秀を大和北郡に侵攻させる。この後、芥川城を義興に譲り、飯盛城へ移る。
永禄4	一五六一	3月18日	十河一存が死去する。
永禄5	一五六二	3月5日	畠山高政と六角義賢が、長慶に対して蜂起する。三好実休と和泉国久米田で合戦し、実休が討ち取られる（その後、久秀が鎮圧）。
		9月11日	政所執事の伊勢貞孝が、長慶に対して蜂起する。久秀が征討する。摂津晴門が政所執事となる。
永禄6	一五六三	8月25日	三好義興が死去する。長慶、弟の十河一存の子（義継）を養子に迎えて継嗣とする。
永禄7	一五六四	5月9日	長慶、弟の安宅冬康を「悪逆乱行」のため謀殺する。
		7月4日	長慶、飯盛城で死去。久秀と三好三人衆（三好長逸・三好宗渭・石成友通）を、義継の後見とする。
		12月より	義輝、斯波家の邸宅跡に将軍御所を築く（「二条御所」「武衛陣」）。
永禄8	一五六五	5月19日	義輝、三好義継・松永久通・三好三人衆等によって二条御所で弑殺される（永禄の政変）。義輝の母慶寿院と、弟の鹿苑院周暠も殺害される。覚慶、一乗院に幽閉される。
		7月28日	覚慶、和田惟政を頼って一乗院を脱出して近江国甲賀郡和田に逃れる。
		8月5日	覚慶、和田館に拠り、越後の上杉謙信に「当家再興」の協力を求める。
		9月	信長、花押を変える（「寂光院文書」）。

永禄9	一五六六	
	11月16日	三好政権は、三好三人衆と久秀に分裂して崩壊する。
	11月21日	覚慶、御座所を近江国野洲郡矢島の少林寺に移す。
	12月21日	覚慶、和田惟政に織田信長への馳走を命じる。
	2月17日	覚慶、還俗して「義秋」に名を改める。
	4月18日	義秋、和田惟政・細川藤孝に信長との交渉を命じる。
	4月21日	朝廷、義秋を「従五位下・左馬頭」に叙任する。着袴・乗馬・御判始。
	7月17日	義秋、大和の十市遠勝に参陣を求める。
	8月3日	義秋、三好長逸の手兵を近江坂本で迎撃する。
	8月22日	信長、近江矢島へ向けて挙兵することを約諾する。29日、美濃斎藤氏によって阻止される。
	8月29日	義秋、六角氏が叛意したことから、矢島から退座して若狭の武田義統の許へ逃れる。
	9月8日	義秋、若狭武田氏の政情不安定により、越前国敦賀に移座する。
	10月21日	義秋、周防永興寺住持の公帖を発給する。以後、相模禅興寺の公帖なども発給。
	11月16日	足利義栄が、三好三人衆に久秀追討を命じる。
	12月28日	足利義栄が「従五位下・左馬頭」に叙任。
永禄10	一五六七	
	2月16日	三好義継、久秀と連繋する。17日に、筒井順慶と堺近郊の上芝で合戦する。
	8月15日	信長、美濃斎藤氏の稲葉山城を攻略して美濃を平定する。
	11月	信長、この月から「天下布武」の印判を使用する。
永禄11	一五六八	
	2月8日	足利義栄が第十四代将軍に就任する。
	4月15日	義秋、越前一乗谷館で二条晴良を招き朝倉義景を管領代として元服する。名を義昭に改める。
	7月13日	義昭、織田信長からの招きにより、越前を発ち近江を経て美濃へ下る。
	7月25日	義昭、美濃に至る。8月7日、立政寺で信長と対面する。
	8月14日	信長、三好義継に協力を求める。
	8月	信長、この月から奉書様式で「弾正忠」の禁制を発給する。
	9月7日	信長、尾張・美濃・伊勢の軍勢を率いて美濃を発つ。13日、近江六角氏の居城観音寺城を攻略する。
	9月26日	信長、東福寺に至る。義昭、27日に入京し清水寺に至る。信長、勝龍寺城を攻略し、山城を征圧。

年	月日	事項
	9月29日	信長、摂津芥川城を攻略。義昭、30日に入城して、足利家の「御旗」を立てる。
	10月2日	信長、摂津・河内の諸城を攻略して、「一国平均」する。この間に、足利義栄が病死。
	10月4日	三好義継・松永久秀・河内畠山氏・池田勝正等が、芥川城へ「御礼」に赴く。義昭、畿内近国に守護を補任する（摂津国：池田勝正・伊丹親興・和田惟政、河内国：畠山高政・三好義継、大和国：松永久秀）。信長に、近江・摂津・和泉・河内・山城の五ヶ国から望みの国を与える。信長、これを辞退して、替わりに近江大津・草津と和泉堺に代官を置くことを求める。義昭、畠山三郎に「昭」を偏諱し「昭高」と改名、信長の妹を嫁す。
	10月6日	朝廷から芥川城へ勅使が派遣される。
	10月8日	松永久秀が細川藤孝・和田惟政・佐久間信盛の助勢を得て、筒井順慶等を攻めて大和征圧に着手する。
	10月14日	義昭、再び京都に上洛して、本圀寺を御座所とする。
	10月16日	義昭、細川氏綱の旧邸に移る。ここで信長や多数の「僧俗」から「御礼」を受ける。
	10月18日	義昭、朝廷から征夷大将軍・参議・左近衛中将、従四位下に叙任され、幕府第十五代将軍に就任する。
	10月24日	義昭、信長を「御父」と尊称し、斯波家の家督・左兵衛督と管領職就任を勧め、桐・二引両の家紋を下賜する。信長、自筆の書状一つ（家紋免許状ヵ）を受け取り、他を返還する。美濃へ帰国。
	12月24日	松永久秀、美濃へ下向。
永禄12 一五六九	正月5日	12月28日に三好三人衆が蜂起して家原城を攻め、御座所としていた本圀寺を包囲する（本圀寺合戦）。義昭、守護・奉公衆による軍勢を組織して撃退する。信長、急変を知り、美濃から単騎早駆けで駆け付ける。要請があれば出陣することを約諾する。
	正月13日	義昭、安芸毛利氏と豊後大友氏の講和を求め、阿波侵攻を促す。
	正月14日	義昭、「幕府殿中御掟」九ヶ条を、16日には追加七ヶ条を定める。
	2月2日	義昭、斯波氏の邸宅があった義輝の将軍御所跡地に将軍御所を建設（二条御所、武衛陣）。
	2月8日	義昭、上杉謙信に武田信玄との講和を促し、「天下静謐」の馳走は信長と相談するように通達する。
	3月2日	義昭、信長に副将軍を勧める。信長、返事をせず辞退する。
	3月27日	義昭、三好義継に妹を嫁す。
	10月17日	信長、伊勢平定後に上洛するが、義昭との間に「上意トセリアキテ」、19日に美濃へ帰国する。
	10月26日	義昭、伊丹・池田・和田の摂津三守護を播磨へ浦上氏・山名氏征討に派兵する。

永禄13	一五七〇
正月23日	義昭、信長と「五ヶ条の条書」を締結する。信長、二十一ヶ国の大名・国衆等に上洛を要請する。
2月25日	信長、美濃を発ち、近江で相撲を見物しながら上洛する。30日に入京。
4月14日	将軍邸の二条御所が落成。信長に官位が勧められる。信長、これを辞退する。
4月20日	信長、若狭武藤氏の成敗に、幕府軍・武家昵近公家衆と織田軍を率いて出陣。
4月23日	義昭、年号を「元亀」に改元する。天皇御所の作事を行う。
4月25日	信長、越前朝倉氏蜂起により、越前国敦賀へ進軍。、朝廷・石清水八幡宮で戦勝祈願が行われる。
4月28日	信長、近江浅井氏の叛意により、京都へ撤退する（金ヶ崎の退き口）。30日に入京。
6月18日	義昭、越前朝倉氏・近江浅井氏成敗のために親征を表明し、畿内の御家人に参陣を命じる。
6月19日	摂津池田氏で内訌が起こる。義昭、奉公衆と織田三郎五郎を派兵して征圧する。
6月28日	信長、徳川家康との連合軍で、朝倉義景・浅井長政と近江国浅井郡の姉川で合戦。
7月21日	摂津で、細川信良・三好勢が挙兵して野田・福島を攻める。
8月2日	義昭、7月に信長に参陣を要請し、河内守護の畠山昭高に参陣と紀伊・和泉からの軍勢を催促する。
	信長、上洛して、8月23日に摂津へ出陣。筒井順慶、河内へ侵出して古市郷を放火する。
8月30日	義昭、奉公衆二千の軍勢を率いて摂津へ親征する。9月2日に、細川藤賢の中島城に入城。
9月8日	信長、天満森に着陣する。12日に大坂本願寺が、義昭と「御義絶」となり蜂起する（義昭・信長包囲網の形成）。
9月14日	義昭、徳川家康に参陣を求める（志賀に着陣）。
9月18日	義昭、朝廷に勅命講和を要請する（勅書が発給されるが、勅使が戦火により下向できず）。
9月20日	「三人衆堅約」により、朝倉・浅井氏が近江で蜂起する。森可成を討ち取る。
9月23日	摂津に幕府軍を残して、義昭・信長帰京（「大坂等満足」）。信長、京都から近江に出陣。大坂本願寺、信長と細川信良・三好為三・香西越後など三好勢の調略合戦を展開する。
10月4日	幕府、徳政令を発布する。奉公衆・木下秀吉、一揆に対処する。
10月22日	三好三人衆が御牧城等を攻める。細川藤孝・木下秀吉等が救援し回復する。
10月30日	大坂本願寺と講和が成立。
11月18日	松永久秀の仲介により、三好勢と講和。久秀の娘を信長の養女にし、三好家へ嫁すことによって和談。

元亀2	一五七一
11月21日	近江六角氏と講和が成立。
12月22日	義昭、二条晴良と近江に下り、朝倉・浅井・信長との講和をまとめる。「江濃越一和」が成立。
5月1日	細川藤孝・三淵藤英・奉公衆等が出陣して、普賢寺城を攻める（8月2日にも出陣）。
5月10日	松永久秀、畠山昭高の支族安見右近を多聞山城へ招いて謀殺する。
5月12日	久秀、安見氏の交野城を攻める。
5月30日	久秀が離反して、三好三人衆と高屋城の畠山昭高を攻める。和田惟政が援軍として救援に向かう。
5月26日	毛利元就・輝元父子が、信長を介して義昭に篠原長房成敗の「御下知」を求める。
6月11日	義昭、九条家からの養女を筒井順慶に嫁がせる。朝倉義景の娘と本願寺光寿との婚姻が成立。
6月28日	四国衆・三好義継・松永久秀等が箸尾に出陣する。
7月3日	木津某が義昭に人質を差し出して久秀に背く。
7月10日	伊勢神宮禰宜職相論で、政所執事の摂津晴門に「逼塞」を命じる。
7月12日	6月から筒井順慶が奈良に侵攻し、三淵藤英・光浄院暹慶等が支援のために出陣。この日、帰陣する。
7月14日	久秀、三好三人衆と摂津守護で高槻城主の和田惟政攻めに出陣。
7月23日	三淵藤英が摂津に出陣。
8月2日	細川藤孝が池田へ出陣。
8月4日	三好義継と松永久父子が、順慶の辰市城を攻める。順慶が大勝し、多数の首が二条御所へ送られる。
8月28日	久秀、和田惟政を討ち取る。
9月12日	信長、比叡山延暦寺を焼き討ちする。
10月11日	久秀、普賢寺城に入城してから真木嶋城を攻める。
10月14日	信長、細川藤孝に勝龍寺城の修理を命じる。
10月17日	筒井順慶が奈良に侵攻する。
11月14日	三好三人衆・松永久秀等、畠山昭高の河内高屋城を攻め、摂津に兵を出す。
11月	義昭、伊勢貞興を政所執事とする。信長、朱印状を発給する。
12月17日	細川信良が義昭に降る。義昭、細川信良に「右京大夫」の官途と「昭」を偏諱する（昭元と改名）。

元亀3	一五七二	正月18日	義昭の面前で、上野秀政と細川藤孝が信長の排撃について口論する。
		2月10日	義昭、山城淀に城を築くため、諸国に夫役を課す。
		3月21日	義昭、京都に信長の邸宅を築く。
		4月13日	細川昭元と三好義継が和睦して、同盟する（間もなく破棄）。三好為三・香西元成が、義継へ降る。
		4月16日	久秀・義継が、昭高の家臣安見新七郎の河内交野城を攻める。救援に、上野秀政・池田勝正・伊丹親興・和田惟長・柴田勝家・佐久間信盛・明智光秀等が出陣。伊丹親興・和田惟長が背く動きあり。
		5月2日	朝倉義景から三好方への使僧が捕らえられ、一条戻り橋で処刑される。
		5月8日	義昭、光浄院暹慶（山岡景友）を、山城国守護に補任する。
		7月21日	信長、近江浅井氏の居城小谷城を攻める。
		7月25日	朝倉義景が救援に駆け付ける。本願寺・浅井長政と連繋して、武田信玄に出馬を促す。
		8月13日	義昭、信長と本願寺の和睦の仲介を、信玄に託す。
		10月3日	武田信玄が、朝倉義景・本願寺からの「御催促」「兼約」により、徳川家康の領国遠江・三河へ向けて進軍する（西上作戦）。十一月末に、二俣城を攻略（信長包囲網の形成）。
		10月16日	信長、信玄に備えて、美濃へ撤退する。
		12月1日	義昭、上野秀政に松尾社領の返還を命じる。木下秀吉が担当する。
		12月3日	朝倉義景が、越前へ撤退。
		12月22日	信玄、三方ヶ原の合戦で家康を敗る。義昭、上野秀政を信玄の許に派遣し、信長・家康との和睦を求める。信玄、拒否して野田城を包囲する。。秀政、義昭に信長追討を進言する。
		12月28日	義景から本願寺へ、比叡山大蔵院が「密々」の使者として派遣されたことが、信玄に伝えられる。
		12月	信長から「異見十七ヶ条」が呈出される（『年代記抄節』には「九月」とある）。『年代記抄節』には、天正元年正月から「御中悪」とある。
元亀4	一五七三	正月11日	信玄、義昭に「凶徒」信長・家康を追討して「天下静謐」のための「御下知」を求める。
		正月17日	本願寺、信玄に信長・家康領国の一揆扇動を告げる。
		2月6日	京都周辺の山本・渡辺・磯貝氏等が、松永久秀と「一味」となり蜂起する。
		2月13日	義昭、信長に「御逆心」して蜂起する。

2月14日	義昭、松永久秀と「御一味」となり、信長を敵とする。
2月26日	幕府奉公衆が、信長に人質など「十二ヶ条」の条件を求める。朝倉義景が、出馬を表明する。
2月27日	三好義継・松永久秀等、摂津中島城の細川昭元を攻める。昭元、和泉堺に敗走する。
2月28日	信長、義昭蜂起は「上意」にあらず、「内衆」の所為として成敗を図る。上野秀政が中心的役割と認識。
3月7日	義昭、宇津頼重・池田知正を「御供衆」に、頼重・知正・内藤汝庵・塩河・下田を「御番衆」とする。
3月8日	信長、嶋田秀満を義昭に派遣するが、受け入れられず。
3月22日	義昭、小早川隆景・浦上宗景に参陣を求める。
3月25日	信長、美濃を発ち、29日に入京。東山知恩院に陣を据える。
4月2日	信長、洛外を放火し、4日に二条御所を包囲して洛中を放火。「御所巻」して、幕臣の成敗を図る。
4月5日	勅使三人（二条晴良・三条西実澄・庭田重保）が、信長の陣所に派遣される。
4月7日	和平のために勅使三人と信長の名代として津田信広・佐久間信盛・細川藤孝が二条御所に行き、義昭と御対面する。信長、近江へ撤退する。
4月12日	信玄が信濃駒場で死去し、武田軍が甲斐へ撤退する。
4月13日	義昭、勅命講和を受諾して、真木嶋へ退座する。
4月27日	幕臣と信長家臣が起請文を取り交わす。
5月13日	義昭、武田信玄に「天下静謐」のための馳走を求める。
5月22日	義昭、御内書を発給して、「天下静謐」のために「御下知」を下す。
6月13日	義昭、再度信長に対して蜂起するを決する。
7月3日	二条御所の三淵藤英・武家昵近公家衆と、真木嶋城の義昭が信長に対して挙兵する。
7月6日	信長、近江から大船で坂本に着陣。7日、妙覚寺を本陣とし、二条御所を攻略する。
7月16日	真木嶋城を包囲して、開城させる。跡には、細川昭元を置く。義昭、義尋を人質として差し出し、降伏する。真木嶋城を退城して、若江城へ落ち延びる。
7月21日	信長、京都に帰陣する。年号を天正に改元する。
8月20日	信長、越前に侵攻し、朝倉義景を討伐する。
8月27日	信長、近江に侵攻し、浅井久政・長政を討伐する。

		9月7日	信長、毛利輝元から義昭の帰洛を要請され、「同心」する。
		11月5日	堺で、信長側の羽柴秀吉と毛利側の安国寺恵瓊が帰洛について談合する。交渉は決裂。
		11月9日	義昭、堺を発って、紀伊国由良の興国寺に至る。
		11月16日	信長、佐久間信盛等に、若江城の三好義継を攻めさせる。義継、自害する。
		11月28日	信長、上野豪為等の旧幕臣の所領を安堵する。
		12月26日	松永久秀・久通、信長に降る。久通、岐阜に出仕する。
天正2	一五七四	正月16日	信長、義昭に「頼りに」帰洛を求める。
		3月20日	義昭、上杉謙信に、武田勝頼・北条氏政・加賀一向一揆と講和して、上洛することを求める。
		3月28日	信長、多聞山城に至り、東大寺の蘭奢待を切り取る。
		4月2日	本願寺が挙兵し、三好康長・遊佐信教等が高屋城に拠り、信長に抗する。
		5月	信長、塙直政を山城守護とする。翌年、大和守護兼務とす。
		9月18日	佐久間信盛・明智光秀・細川藤孝等、本願寺・三好勢と飯森で合戦する。翌日、高屋を攻める。
天正3	一五七五	4月8日	信長、高屋城の三好康長を攻めて降す。
		5月21日	信長、長篠合戦で、武田勝頼を敗る。
		8月16日	信長、越前の一向一揆を征圧する。
		10月21日	信長、本願寺・三好康長と講和する。
		11月7日	4日に権大納言となり、次いで右大将に任官。翌年3月11日に、毛利氏が祝儀を賀す。
		11月28日	信長、家督と尾張・美濃を嫡子信忠に譲り、のち安土城を築いて居城する。
天正4	一五七六	2月8日	義昭、毛利氏に幕府再興に尽力することを求め、備後に至る。毛利氏は、信長と帰洛について相談。
		5月7日	毛利氏、義昭を受け入れることに政策を転換し、信長と対立する。
		5月16日	義昭、上杉謙信に、武田氏・北条氏と和睦して足利家再興を求める。
		11月13日	信長、朝廷から正三位に叙され、21日に内大臣に任ぜられる。
天正5	一五七七	7月23日	義昭、毛利輝元・小早川隆景に擁立されて、山陽道から上洛を画す。
		11月16日	信長、朝廷から従二位に叙され、20日に右大臣に任ぜられる。
天正6	一五七八	4月9日	信長、正月6日に正二位に叙されるが、顕職を辞任し、嫡子信忠へ譲ることを求める。

天正8	一五八〇	9月1日	義昭、島津氏に上洛の協力要請と、龍造寺氏と協同して大友領への侵攻を求める。
		閏3月5日	信長、本願所との講和が成り、顕如光佐が石山を明け渡す。
天正9	一五八一	3月1日	信長、2月28日の馬揃えの後に、朝廷から左大臣が推任される。
天正10	一五八二	2月13日	義昭、毛利輝元を「副将軍」とする。
		3月11日	信長、武田勝頼を討伐する。
		4月25日	信長への太政大臣・関白・将軍の三職推仁が協議され、安土に勅使が派遣される。
		6月2日	信長、明智光秀の謀叛により、本能寺で横死する（本能寺の変）。
		6月13日	義昭、毛利輝元に頼り、帰洛を図る。羽柴秀吉が山崎の合戦で光秀を敗る。
		6月27日	信長の遺臣が織田家の後継を定めて遺領を配分する（清須会議）。
天正11	一五八三	3月4日	柴田勝家が秀吉を牽制するために、義昭・毛利氏との連繋を謀る。
		4月21日	秀吉、賤ヶ岳の合戦で柴田勝家を敗る。23日、越前北庄城で勝家を敗る。
		11月1日	毛利輝元が秀吉に降る。
天正12	一五八四	9月4日	義昭、九州の龍造寺政家・島津義久・宗像大神宮宗像氏貞等に幕府回復の協力を求める。義久に大友義統の追討を勧め、九州の太守とすることを約す。
天正13	一五八五	7月11日	秀吉、内大臣から従一位関白となる。
		8月6日	四国の長宗我部元親が秀吉に降る。
天正14	一五八六	11月18日	義昭、島津義久・家久に、秀吉と和睦することを諭す。
天正15	一五八七	3月8日	九州平定に向かうため、秀吉が大坂城から出陣する。途中、3月12日に備後国赤坂で義昭は秀吉を迎え、田辺寺で対面する。のちに帰洛が勧められる。4月21日、島津氏が秀吉に降る。
天正16	一五八八	正月13日	義昭、征夷大将軍を辞して出家し、「昌山」を号する。参内し、朝廷から「太皇太后・皇太后・皇后」の准三后に准ぜられる。
慶長2	一五九七	2月28日	慶長の役で名護屋に出陣し、帰洛する途中で死去する。相国寺霊陽院に埋葬れる。

※本表は、東京大学史料編纂所『史料綜覧』（東京大学出版会）を基に筆者（久野）が作成した。

【著者紹介】

久野雅司（くの・まさし）

東洋大学大学院文学研究科日本史学専攻博士後期課程退学。
現在は、東洋大学・いわき明星大学で非常勤講師を務める。
専門は、日本中・近世移行期（戦国・織豊期）。研究テーマは「織田政権の権力構造論」で、主な研究は織田信長・足利義昭関係論のほか、村井貞勝を中心とした織田政権の京都支配の研究、「織田信長発給文書の基礎的考察」（大野瑞男編『史料が語る日本の近世』吉川弘文館、2002年）、などがある。

装丁：川本　要

中世武士選書　第40巻

足利義昭《あしかがよしあき》と織田信長《おだのぶなが》　傀儡政権《かいらいせいけん》の虚像《きょぞう》

二〇一七年十一月一日　初版初刷発行

著　者　久野雅司

発行者　伊藤光祥

発行所　戎光祥出版株式会社
東京都千代田区麹町一―七
相互半蔵門ビル八階
電　話　〇三・五二七五・三三六一㈹
FAX　〇三・五二七五・三三六五

編集・制作　株式会社イズシエ・コーポレーション

印刷・製本　モリモト印刷株式会社

http://www.ebisukosyo.co.jp
info@ebisukosyo.co.jp

ISBN978-4-86403-259-9